Christoph Dohmen (Hrsg.)
In Gottes Volk eingebunden

Christoph Dohmen (Hrsg.)

In Gottes Volk eingebunden

Christlich-jüdische Blickpunkte
zum Dokument der Päpstlichen Bibelkommission
„Das jüdische Volk und seine Heilige Schrift
in der christlichen Bibel"

Verlag
Katholisches
Bibelwerk

www.bibelwerk.de

ISBN 3-460-32866-5
Alle Rechte vorbehalten
© 2003 Verlag Katholische Bibelwerk GmbH, Stuttgart
Umschlag: Finken & Bumiller, Stuttgart
Druck: Druckerei Ernst Grässer, Karlsruhe

Inhaltsverzeichnis

Vorwort 7

I.
Christoph Dohmen
Israelerinnerung im Verstehen der zweieinen Bibel 9

II.
Franz Dünzl
Die Entscheidung der frühen Kirche
für die heiligen Schriften des jüdischen Volkes 21

III.
Ernst-Ludwig Ehrlich
Das jüdische Volk und seine Heilige Schrift in der christlichen Bibel 33

IV.
Hubert Frankemölle
Die heiligen Schriften der Juden und die Christologie 37

V.
Hans Hermann Henrix
„Die jüdische Messiashoffnung ist nicht vergeblich".
Ein theologischer Vermerk von Gewicht 51

VI.
Bernd Janowski
Die jüdischen Psalmen in der christlichen Passionsgeschichte.
Eine rezeptionsgeschichtliche Skizze 63

VII.
Daniela Kranemann – Benedikt Kranemann
„In der Glaubenserfahrung Israels verwurzelt" –
Das jüdische Volk und seine Heilige Schrift im Gottesdienst der Kirche .. 75

VIII.
Franz Mußner
Impulse des Dokuments für die Auslegung von Röm 9-11 89

IX.
Paul Petzel
Zur Einheit von *biblischem* und *nachbiblischen Judentum* –
Anmerkungen aus systematisch-theologischer Perspektive 95

X.
Erich Zenger
Was die Kirche von der jüdischen Schriftauslegung lernen kann 109

Stellenregister zum Dokument 121
Zu den Autoren 122

VORWORT

„Jeder Schriftgelehrte, der ein Jünger des Himmelreiches geworden ist, gleicht einem Hausherrn, der aus seinem reichen Vorrat Neues und Altes hervorholt."

Mt 13,52

Das jüngste Dokument der Päpstlichen Bibelkommission „Das jüdische Volk und seine Heilige Schrift in der christlichen Bibel" ist bei seiner Veröffentlichung im Mai 2001 weithin beachtet und gewürdigt worden, nicht nur innerhalb der katholischen Kirche sondern auch darüber hinaus, vor allem auch bei Vertretern des Judentums in verschiedenen Ländern. Dabei sehen manche stärker die Überwindung des Antijudaismus als zentralen Impuls des Dokuments, andere die Annäherung an das Judentum als Wurzel des Christentums, wieder andere die innerkirchliche Klärung bezüglich der Notwendigkeit des „Alten Testaments". Zweifellos ist mit diesem Dokument ein Kernpunkt des jüdisch-christlichen Verhältnisses berührt worden, weil dieses Verhältnis von seinem Ursprung und seiner Basis her, der Heiligen Schrift, in den Blick genommen wird.

Einig sind sich fast alle Stellungnahmen darin, dass die Ausführungen und Einsichten des Dokuments in die Verkündigung der Kirche gehören und die Basis, d.h. alle Gläubigen erreichen sollten. Doch das Dokument ist einerseits umfangreich und andererseits über manche Passage hinweg auch nicht leicht zu lesen, weil doch immer wieder tiefere theologische Kenntnisse von Zusammenhängen und Fragestellungen vorausgesetzt werden. Um dem Dokument einen Weg zu bahnen und gleichzeitig die Schätze zu heben, die in ihm verborgen sind, entstand die Idee zu einer „Lesehilfe", die nicht in der Form eines am Text entlanggehenden Kommentars angelegt sein sollte, sondern zentrale Themen, die auf die eine oder andere Weise im Dokument zu Wort kommen, in ihren größeren theologischen Horizont zu stellen, um so vielleicht Interesse zu wecken über den einen oder anderen Text einen Weg in die Gedanken des Dokuments zu finden.

Die Einzelbeiträge, die im vorliegenden Buch in dieser Weise zusammengebunden wurden, kommen aus unterschiedlichen – biblischen, historischen und systematischen Fachrichtungen und verschiedensten Ansätzen, sie sind aus christlicher und jüdischer Sicht verfasst. Die verbindende Einheit in dieser Vielfalt bildet die Bibel selbst, weil sie uns Christen vor Augen führt, dass wir durch die Heilige Schrift bleibend eingebunden sind in das Volk Gottes. Nicht nur, dass der Auferstandene in der Emmaus-Geschichte den Jüngern die Schrift auslegt, sondern dass der Jude Jesus selbst die Tora lernt, wie es das Titelbild aus der Kapelle des Klosters der

Salvatorianerinnen in Emmaus darstellt, zeigt, wie tief wir durch die Heilige Schrift verbunden sind und wie wir, Juden und Christen, in und mit der Ur-Kunde des Glaubens gemeinsam leben.

Für die freundliche Bereitstellung der Fotovorlage für das Titelbild danke ich Frau Dorothea Olbrich, Osnabrück. Dem Verlag Katholisches Bibelwerk in Stuttgart ist für das Interesse an dieser Publikation und der nötigen Unterstützung zu danken. Ein besonderer Dank gilt Frau Dipl.-Theol. Christina Decker M.A., Regensburg, die mit großem persönlichen Einsatz fachkundig und zuverlässig die Erstellung der Druckvorlagen besorgte.

Regensburg, im Jahr der Bibel 2003

Christoph Dohmen

I.
Christoph Dohmen
Israelerinnerung im Verstehen der zweieinen Bibel

Voraussetzungen und Anliegen

Das zu Recht viel beachtete Dokument der Päpstlichen Bibelkommission von 1993 „Die Interpretation der Bibel in der Kirche" (VAS 115), das sich mit den wichtigsten Methoden der Bibelauslegung beschäftigt, aber auch zentrale Aspekte biblischer Hermeneutik tangiert, hat eine Reihe von weitergehenden Fragen geradezu aus sich selbst entlassen. Sie betreffen vor allen Dingen die Bedeutung des biblischen Kanons und das Verhältnis von Altem und Neuem Testament zueinander, weil zu klären ist, wie sich die Besonderheit der christlichen Bibel als Einheit aus zwei Teilen in der konkreten Auslegung von Texten aus dem einen oder anderen Teil niederschlägt und welche Konsequenzen sich daraus für das Verhältnis zum Judentum ergeben, dessen Heilige Schrift das Christentum als ersten Teil (Altes Testament) seiner Bibel übernommen hat. Nicht nur ein von der Glaubenskongregation 1999 veranstaltetes Symposion (siehe Literatur am Ende des Beitrags) hat diese Themen weiter behandelt, sondern vor allem die Päpstliche Bibelkommission selbst. Ihre Arbeit hat sich in ihrem neuen Dokument von 2001 niedergeschlagen, wobei sie die Fragen in erster Linie in einen größeren Zusammenhang gestellt hat. Dass sich als bevorzugter Kontext der jüdisch-christliche Dialog ergeben hat, ist nicht nur auf die Gemeinsamkeit zwischen Juden und Christen in der Schriftgrundlage zurückzuführen, sondern vor allem auch auf das sich vielfach artikulierende Anliegen des Papstes, Aussöhnung und Verständigung zwischen Christen und Juden voranzutreiben. Es ist deshalb nicht verwunderlich und will zum Verständnis des Dokuments beachtet sein, dass die Bibelkommission selbst das Dokument als Beitrag zur Vertiefung des Verhältnisses zum Judentum nach der Shoa verstanden wissen will (vgl. Nr. 1/13f). In diesem Zusammenhang sieht das Dokument klar die Last des christlichen Antijudaismus (vgl. Nr. 87/166), der im Lauf der Geschichte nicht selten auch von einzelnen Bibeltexten und ihrer Auslegung her begründet worden ist, wobei die Übertragung der Juden-Darstellung aus dem Neuen Testament (bes. derjenigen in den Passionserzählungen der Evangelien) auf alle Juden aller Zeiten besonders tiefe Wunden gerissen hat (vgl. Nr. 66-83/123-159).

Aus diesen beiden Fragestellungen, dem Verhältnis zwischen Alten und Neuem Testament und dem Verhältnis zwischen Juden und Christen, ist das neue Dokument der Bibelkommission zu verstehen.

Auf welcher Grundlage lesen Juden und Christen dieselben Schriften (Hebräische Bibel – Altes Testament) je anders? Verbindet oder trennt die Schrift Juden und Christen? Im Umfeld dieser Fragen bewegt sich das Dokument und stößt hier zu wichtigen, ja grundlegenden Einsichten und Feststellungen durch. Dies geschieht z.b., wenn es hinsichtlich der Einheit der zweigeteilten christlichen Bibel festhält, dass das Alte Testament eine bleibende und unaufgebbare Bedeutung für das Neue Testament besitzt:

„Ohne das Alte Testament wäre das Neue Testament ein Buch, das nicht entschlüsselt werden kann, wie eine Pflanze ohne Wurzeln, die zum Austrocknen verurteilt ist." (Nr. 84/161)

An der Seite solcher Betonung des lebenswichtigen Wurzelgrundes, den das Alte Testament für das Neue Testament bildet, finden sich die notwendigen Überlegungen zur Eigenheit des christlichen bzw. jüdischen Verstehens des Schrift, wobei sich die christliche Interpretation als Ausdruck der Mehrdimensionalität der biblischen Texte versteht:

„Die christlichen Leser sind überzeugt, dass ihre Deutung des Alten Testamentes, so sehr sie sich auch von derjenigen des Judentums unterscheiden mag, doch einer Sinnmöglichkeit der Texte entspricht." (Nr. 64/118)

Mit Recht stellt der Präsident der Päpstlichen Bibelkommission, Joseph Kardinal Ratzinger, im Vorwort zum Dokument heraus, dass nur die Einsicht in die Mehrdimensionalität menschlicher Rede eine christliche Interpretation des Alten Testamentes begründen kann, weil nämlich eine verengte historische Perspektive, die davon ausgeht, dass „Texte der Vergangenheit nur jeweils den Sinn haben können, den ihre Autoren ihnen in ihrem historischen Augenblick mit auf den Weg geben wollten" (Vorwort 6), jede (christliche) Bibelhermeneutik verhindert, wenn man nicht die (christliche) Interpretation als Autorenintention der Texte ausgeben wollte.

Die Entsprechung: Heilige Schrift und Volk Gottes

Darüber hinaus lehrt das Dokument aber auch, und dies bringt es in vielen Facetten bis hin zum Titel des Dokuments zum Ausdruck, dass die Einheit der christlichen Bibel in ihren zwei Teilen nicht zu lösen ist vom Beziehungsverhältnis zwischen Juden und Christen:

„Vor allem beim Studium der großen Themen des Alten Testamentes und ihrer Weiterführung im Neuen wird einem die eindrucksvolle Symbiose bewusst, die die beiden Teile der christlichen Bibel verbindet, und zugleich die überraschende Kraft der geistlichen Bande, die die Kirche Christi mit dem jüdischen Volk verknüpfen." (Nr. 85/162)

Ausdrücklich verweist das Dokument für diesen Punkt auf Papst Johannes Paul II. und zitiert aus seiner vielbeachteten Ansprache an den Zentralrat der Juden in Deutschland und die Rabbinerkonferenz vom 17. Novem-

ber 1980. Dort spricht der Papst von zwei Dimensionen des jüdisch-christlichen Dialogs:
„Die erste Dimension dieses Dialogs, nämlich die Begegnung zwischen dem Gottesvolk des von Gott nie gekündigten (vgl. Röm 11,29) Alten Bundes und dem des Neuen Bundes, ist zugleich ein Dialog innerhalb unserer Kirche, gleichsam zwischen dem ersten und zweiten Teil ihrer Bibel. [...] Eine zweite Dimension unseres Dialogs – die eigentliche und zentrale – ist die Begegnung zwischen den heutigen christlichen Kirchen und dem heutigen Volk des mit Mose geschlossenen Bundes". (KuJ I, 75f; vgl. Nr. 86/164)

Mit dieser Formulierung stellt sich der Papst deutlich und eindeutig gegen jede Form einer Substitutionstheorie, d.h. dass das Christentum an die Stelle des Judentums getreten sei, denn der von ihm gebrauchte Entsprechungsgedanke, der die zwei Teile Altes und Neues Testament in der christlichen Bibel den lebendigen Religionen von Judentum und Christentum gegenüberstellt, lässt ein Abgleiten des Judentums in die Vorgeschichte des Christentums nicht zu, weil das Alte Testament auf der gegenüberstehenden Seite bleibend gültig erster Teil der christlichen Bibel ist. Mit dem Hinweis durch Röm 11,29 auf die bleibende Erwählung Israels sichert der Papst dies noch weiter ab.

Das Dokument der Bibelkommission nimmt nun diesen Gedankengang nicht nur von der anderen Seite auf, indem es davon spricht, dass das Neue Testament ohne das Alte nicht zu verstehen sei (vgl. Nr. 84/161), sondern auch dadurch, dass es über Funktion und Wirkung der Verbindung der beiden Teile in der christlichen Bibel auch das Verhältnis von Juden und Christen in den Blick nimmt, wenn es von einer „Symbiose" zwischen den Testamenten und einer „Kraft der geistlichen Bande" zwischen Kirche und jüdischem Volk spricht. (vgl. Nr. 85/162)

Betrachtet man diese Gegenüberstellungen allerdings aus jüdischer Perspektive, dann wird sofort deutlich, dass man diese Entsprechung zwischen Juden und Christen und zwischen Altem und Neuem Testament nicht im Bild der Waage, d.h. mit zwei gleichwertigen Seiten ausdrücken kann. Der jüdische Religionsphilosoph R. J. Zwi Werblowski hat den inneren Charakter des Verhältnisses markant dadurch zum Ausdruck gebracht, dass er auf Asymmetrien im Verhältnis zwischen Juden und Christen verweist:

„... die entschiedenste [Asymmetrie] ist, daß der Christ in seiner Selbstreflexion über sein Christentum notgedrungen auf das Judentum stößt. Er muß es, er kann gar nicht anders. [...] Es ist aber unbestreitbar, daß der Christ als Christ auf das Judentum stößt, wenn er sich mit seinem eigenen Christsein konfrontiert. Der Jude stößt nicht mit immanenter Notwendigkeit auf das Christentum, wenn er sich mit seinem eigenen ‚Judesein' konfrontiert." (Trennendes und Gemeinsames, in: Zur Erneuerung des Verhältnisses von Christen und Juden [Handreichungen für die Mitglieder der Landessynode in der Evangelischen Kirche im Rheinland 39,1980] 39f)

Dieser zu Recht betonten Asymmetrie zwischen Judentum und Christentum entspricht auch, wenn man den o.g. Gedanken des Papstes ernst nimmt, eine Asymmetrie innerhalb der christlichen Bibel. So wahr und so richtig es ist, dass das Neue Testament ohne das Alte Testament nicht bestehen und nicht verstanden werden kann, so darf man das Alte Testament natürlich trotzdem nicht in der christlichen Bibel zur notwendigen *Voraussetzung* oder zum (*geschichtlichen*) *Vorspann* machen, denn sonst kommt es allzu leicht zu einer fatalen Unterscheidung zwischen einem biblischen Volk Israel und einem Judentum der „nachbiblischen Zeit" (zum Problem siehe den Beitrag von P. Petzel in diesem Buch).

Bei allen überaus positiven und wichtigen Aspekten in Bezug auf das Verhältnis von Altem und Neuem Testament steht das Dokument der Bibelkommission gerade im ersten Hauptteil, der sich den zentralen hermeneutischen Fragen widmet, in der Gefahr die beschriebene Asymmetrie aus dem Blick zu verlieren und statt dessen dem Gedanken Vorschub zu leisten, dass das Neue Testament die Christliche Bibel sei und das Alte Testament eben die Heilige Schrift des jüdischen Volkes. In der Sache und in der Konsequenz widersteht das Dokument dem zwar und hält dem gegenüber zu Recht an der zweigeteilten Einheit der christlichen Bibel fest, doch die Gefahr liegt in der neutestamentlichen Perspektive, wie sie sich z.B. in den ersten beiden Überschriften des ersten Teils zeigt: *„A. Das Neue Testament erkennt die Autorität der Heiligen Schrift des jüdischen Volkes an"* oder *„B. Das Neue Testament erklärt seine Übereinstimmung mit der Schrift des jüdischen Volkes".* Hier wäre etwas mehr Präzision nötig gewesen, um Missverständnisse wie die genannten zu vermeiden, denn es gibt, um das erste Beispiel aufzunehmen, keinen Anerkennungsprozess des „Neuen Testamentes" in Bezug auf die ihm vorausgehende und inhaltlich zugrunde liegende Heilige Schrift des jüdischen Volkes. Bei all diesen Äußerungen muss man präzise davon ausgehen, dass Heilige Schrift auch des frühen Christentums allein die Heilige Schrift des jüdischen Volkes, die Bibel Israels, gewesen ist und das frühe Christentum das Christusereignis von dieser Schrift her verkündigt und begründet hat.

Die eine Schrift des einzigen Gottes

Um die notwendige Präzisierung einzuholen und zu verstehen, ist es nötig die Entstehung der zweigeteilten christlichen Bibel nachzuzeichnen. Schon früh begannen die Christen ihre Christusverkündigung auch schriftlich zu fixieren, doch dies geschah nicht in der Weise, dass sie sie als „Heilige Schrift" an der Seite der oder im Gegenüber zur vorhandenen Heiligen

Schrift konzipiert hätten, sondern wie schon die Kurzform des Bekenntnisses „Jesus (ist der) Christus" deutlich markiert, ist die Bibel Israels die anerkannte und grundlegende Autorität der Christusverkündigung, weil nur aus der Bibel Israels zu verstehen ist, was über diesen Jesus ausgesagt wird.

Fragt man nun danach, wann, wie und warum es zur zweigeteilten christlichen Bibel gekommen ist bzw. was dazu geführt hat, dass die Christusverkündigung selbst zur Heiligen Schrift wurde, dann stößt man auf einen der bekanntesten Häretiker der frühen Kirche, nämlich Marcion. Dieser Theologe des 2. Jh.s hat nicht das „Alte Testament" als Altes Testament verworfen und abgelehnt, wie es nach ihm benannte spätere Tendenzen (*Marcionismus*) in der Kirche immer wieder versuchten, denn ein Altes Testament gab es zu seiner Zeit noch nicht in dieser Form. Marcion ging es nicht in erster Linie um die Bibel Israels im Christentum (das spätere Alte Testament), sondern er, der in hellenistischen (gnostischen) Gedanken beheimatet war, unterschied dualistisch zwischen zwei verschiedenen Göttern mit ihren je eigenen Werken, dem Schöpfergott auf der einen Seite, der die von ihm geschaffene Welt durch sein Gesetz beherrscht, welches sich in der Bibel Israels niedergeschlagen hat, und dem *fremden Gott* auf der anderen Seite, der ausschließlich ein guter Gott ist und sich in seiner erbarmenden Güte in Jesus Christus offenbart hat. Von diesem Ansatz her ist es konsequent und logisch, dass Marcion die Bibel Israels für den christlichen Glauben ablehnt, denn sie zeugt ja nach seiner Auffassung vom Schöpfergott und nicht von dem Gott, den Jesus in seiner Verkündigung bezeugt hat. Doch nicht nur die Übernahme und Anerkennung der Bibel Israels durch die Christen sind für Marcion problematisch, sondern auch die in der frühen Kirche immer wichtiger werdende christliche (christologische) Interpretation dieser Schriften. Folglich kann für Marcion die Trennung von der Bibel Israels nicht ausreichen, vielmehr muss die Christusbotschaft von allen Verbindungen zu ihr gereinigt und gelöst werden, das beinhaltet auch die Methoden allegorischer und typologischer Auslegung, die in der frühen Kirche dazu dienen, die Kontinuität zwischen der Bibel Israels und dem Christusgeschehen herzustellen.

Marcion bleibt allerdings nicht bei dieser negativen Abgrenzung stehen, sondern er geht noch einen Schritt weiter, indem er einen für seine Lehre verbindlichen Kanon von Schriften festlegt. Dazu gehören 10 Paulusbriefe (Gal, 1/2 Kor, Röm, 1/2 Thess, Eph, Kol, Phil, Phlm), die er allerdings von ihren Bezügen und Verweisen auf die Bibel Israels „reinigt", und das ebenso gereinigte Lukasevangelium. Mit diesem „Kanon" bestätigt Marcion indirekt die Geltung und die Autorität der Bibel Israels in der frühen Kirche; denn sein Kanon ist nicht durch Reduktion eines vorliegenden neutestamentlichen oder gar alt- und neutestamentlichen, also gesamtbiblischen Kanons zustande gekommen, sondern Marcion stellt *seine eigene Bibel* als verbindliche Urkunde erstmals zusammen. Die „Idee" einer solchen verbindlichen Urkunde übernimmt er von der vorliegenden Heiligen Schrift des Judentums, der Bibel Israels. *Marcions Bibel* beansprucht somit, an die Stelle der Bibel Israels für die Christen zu treten.

Der sich darin äußernde kühne Vorstoß Marcions, die Bibel Israels, die einzige Heilige Schrift des frühen Christentums, durch einen Kanon von Schriften zu ersetzen, die ausschließlich Aspekte der Christusbotschaft beinhalten oder betreffen, hat die Kirche dazu gedrängt, ihr eigenes Verhältnis zur Bibel Israels in Verbindung mit der mündlichen und schriftlichen Christusverkündigung zu klären. Wenn wir auch leider nichts über die entsprechenden Diskussionen in der frühen Kirche in Bezug auf Marcions *Vorschlag* kennen, so ist uns aber das Ergebnis bekannt: es liegt in der zweieinen Bibel aus Altem und Neuem Testament vor uns.

Von der Tora-Propheten-Bibel ...

Die Kirche folgt Marcion zwar darin, dass sie Zeugnisse der Christusbotschaft (die später als Neues Testament bezeichnet werden) als Heilige Schrift angesehen hat. Gleichwohl ist diese Anerkennung für sie in absolutem Gegensatz zu Marcion nur in der Verbindung mit der Bibel Israels und nicht losgelöst von ihr denkbar. Die Kirche unterstreicht somit in der zweigeteilten Heiligen Schrift von Altem und Neuem Testament, dass sie den Juden Jesus von Nazaret nur aus der Einheit und Einzigkeit des Gottes heraus verstehen und verkündigen kann, der sich Israel geoffenbart hat. Dieser Gott, so die Antwort der Kirche auf Marcions Vorstoß, ist derselbe, der in und durch Jesus der Welt erschienen ist. Die *eine* Heilige Schrift der Christen in *zwei* Teilen hält diesen Glauben an den einen und einzigen Gott Israels, den Schöpfer der Welt, den Jesus bezeugt und verkündigt hat, für alle Zeiten unaufgebbar und unumstößlich fest. Das Dokument der Päpstlichen Bibelkommission hat diesen Grundgedanken, das Bekenntnis, das in der zweieinen christlichen Bibel steckt, an mehreren Stellen deutlich formuliert:

„Im einen wie im anderen Testament ist es derselbe Gott, der mit den Menschen in Beziehung tritt und der sie einlädt, in Gemeinschaft mit ihm zu leben; es ist ein einziger Gott, der auch die Quelle von Einheit ist; ein Schöpfergott, der verlässlich für seine Geschöpfe sorgt, vor allem jene, die vernunftbegabt und frei sowie berufen sind, die Wahrheit zu erkennen und zu lieben; vor allem ein Gott, der befreit und rettet, nachdem die Menschen, die er nach seinem Bild geschaffen hat, aufgrund ihrer Schuld elender Sklaverei verfallen sind." (Nr. 85/162)

Auf diesem Hintergrund wird auch verständlich, dass die Schriften des Neuen Testamentes niemals als eigenständiges Buch konzipiert worden sind, sondern immer als Teil dieser christlichen „Neuausgabe" der Schrift.

Von hierher erklärt sich auch die Titulatur der zweigeteilten christlichen Bibel. Häufig wird das Kanonverzeichnis des Meliton von Sardes aus dem 2. Jh. n.Chr. als Anfangspunkt genommen, weil dort von den „Büchern des alten Bundes" gesprochen wird, ohne dass hierbei allerdings schon „Bücher des neuen Bundes" denen gegenüber genannt würden. Gleichwohl kann man die Bezeichnung bei Meliton durchaus noch im Sinne von 2 Kor 3,14 lesen, wo mit Sicherheit noch keine Bezeichnung für die Heilige Schrift vorliegt, sondern im Kontext der Überlegungen des Apostels zum apostolischen Dienst (2 Kor 3) Paulus den Dienst am „neuen Bund" (2 Kor 3,6) dem „alten Bund", der in seiner Verlesung verhüllt bleibt, entgegenstellt. Die in Christus beendete Verhüllung lässt den „alten Bund" als „neuen" erkennen.

Die Rede vom Bund – ob alt oder neu – zielt folglich zuerst einmal nicht auf Buchbezeichnungen ab, und setzt solche auch nicht voraus, ermöglicht sie aber dennoch, insofern der Sprachgebrauch die Elemente von Kontinuität *und* Diskontinuität, die sich auch in der neuen zweigeteilten christlichen Bibel widerspiegeln, anzeigt. Das wiederum bedeutet aber, dass das Begriffspaar „alt-neu" in diesem Fall *nicht* – wie in der späteren Benutzung und Diskussion so oft – als *Oppositionspaar* verwendet wird, sondern als *Korrelationspaar*. „Alt-neu" bezieht sich demnach nicht auf zwei verschiedene Größen, sondern auf zwei verschiedene Erscheinungsweisen derselben Sache. Als Korrelationsbegriffe verweisen die Bezeichnungen von Altem und Neuem Testament auf eine Rang- bzw. Reihenfolge innerhalb der zweigeteilten christlichen Bibel. Das Alte Testament geht dem Neuen Testament voraus, es ist das Fundament, auf dem jenes aufruht und ohne das es nicht existiert. Eigentlich scheint diese Reihenfolge nichts Besonderes zu sein, weil wir sie, wenn wir auf den Inhalt der Schrift achten, als historische Reihenfolge betrachten. Doch die durch diese Begrifflichkeit festgeschriebene Reihenfolge der Bücher und Buchsammlungen (AT-NT) betrifft unmittelbar auch die Frage des Verständnisses der Texte.

Zum Verstehen der zweigeteilten christlichen Bibel ist es notwendig, die Herausbildung des Kanons der jüdischen Bibel zu betrachten. Dieser Blick auf die Konstituierung des dreigliedrigen hebräischen Kanons in den Teilen *Tora* (Gesetz/Weisung), *Nebiim* (Propheten) und *Ketubim* (Schriften), der in einem Kunstwort aus den Anfangsbuchstaben der hebräischen Worte seiner Teile als „TaNaK" bezeichnet wird, hebt zwei für das spätere christliche Alte Testament wichtige Faktoren hervor. Zum einen zeigt sich, dass man so lange nicht einfach von einem offenen Kanon sprechen kann, bis definitive Urteile über seinen endgültigen Gesamtumfang und seine Textgestalt zu finden sind. Zum anderen sieht man, dass es *den* – allumfassenden und allgemeingültigen Kanon nicht gibt –, sondern lediglich den Kanon einer jeweiligen Glaubensgemeinschaft. Im Blick auf die Entstehung der Bibel Israels bedeutet das allerdings auch nicht die völlige Auflösung in undurchschaubare Pluralität, sondern bei genauerem Hinsehen zeigt sich, dass das sukzessive Wachstum der Heiligen Schrift Variationen vor allem *innerhalb der Kanonteile* zulässt (vgl. P. Brandt, Endgestalt 2001), die größere Variationsbreite dann allerdings beim dritten Kanonteil der TaNaK-Struktur, den späteren *Schriften*, zu beobachten ist. Besonders deutlich wird das daran, dass prophetisch-apokalyptische Bücher wie z.B. Daniel nicht zu den *Propheten* (Nebiim), denen sie sachlich näher stehen, gezählt, sondern unter die *Schriften* (Ketubim) eingeordnet werden. Man kann deshalb auch nicht davon ausgehen, dass der Kanon der Bibel Israels bis ins 1. Jh. hinein langsam gewachsen sei (vgl. Nr. 9/23f), sondern das Wachstum des Kanons geschieht über Kanonteile, d.h. den Zusammenschluss verschiedener Bücher, und dabei bilden die Kanonteile „Tora" und „Propheten" relativ stabile Säulen, die lange vor der Zeitenwende feststanden und die strukturelle Grundlage der Bibel Israels bildeten. Das Wachstum des Kanons der Bibel Israels hat schließlich dazu geführt, dass aus diesem zweigeteilten Kanon von „Tora und Propheten", dessen beide Teile einen spannungsreichen Dialog repräsentieren, weitergehende Wege des Kanons in unterschiedlichen (jüdischen) Gruppen verschieden verlaufen sind. Während auf der Linie des pharisäisch-rabbinischen Judentums der dreigeteilte Kanon sich durchsetzte, findet sich im Bereich der Traditionen, die in der griechischen Übersetzung der hebräischen Bibel, der Septuaginta, begegnet, eine andere Möglichkeit, die als *innere Erweiterung* der älteren Struktur von Tora und Propheten angesehen werden kann. Die „Schriften", die zur Zeit der Herausbildung dieser Struktur in Gebrauch waren, werden hier in die vorhandene Großkomposition integriert, so dass die Grundstruktur aus den beiden Kanonteilen „Tora-Propheten" bestehen bleibt, was auch daran abzulesen ist, dass Bibelbezeichnungen wie „Gesetz und Propheten" oder „Mose und die Propheten" u.ä., die die Zweierstruktur bezeichnen, im Neuen Testament selbst gang und gäbe sind. In dieser Kanonstruktur mit einem erweiterten Prophetenteil bekommt das Prophetische allein durch seinen Umfang ein gewaltiges Gewicht. Diese spiegelt sich nicht zuletzt darin wider, dass im Neuen Testament die gesamte Schrift der Bibel Israels öfter mit dem Stichwort der „Propheten" charakterisiert wird (vgl. Röm 1,2; Mt 2,23; Hebr 1,1 u.ö.).

... zur AT-NT-Bibel

Bei der Konstituierung der zweigeteilten christlichen Bibel sind aber nicht nur die Schriften der Christusverkündigung als Neues Testament der vorliegenden Bibel Israels angefügt worden, sondern das Besondere der Zweigliedrigkeit, das die Tora-Propheten-Struktur der Bibel Israels repräsentiert, ist zum Schlüssel des Verstehens für die neue christliche Bibel gemacht worden, insofern die interpretationsrelevante *Kanongrenze* zwischen Tora und Propheten nun zwischen den ersten und zweiten Teil der christlichen Bibel (AT und NT) geradezu geschoben wurde. Daraus folgt, dass das, was die Tora zuvor in der Bibel Israels aufgrund ihrer besonderen Position und Gewichtung bedeutete, nun auf die Gesamtschrift, die Bibel Israels als Altes Testament übergegangen ist. Als Altes Testament kommt der Bibel Israels in der christlichen Bibel eine zeitliche und theologische Vorrangstellung zu, die ich als „Prae" der Bibel Israels bezeichnen möchte. Dieses Prae wird auch in der weiter oben erklärten Terminologie von *Altem* und *Neuem* Testament in der zweigeteilten christlichen Bibel als *„Prae-Position"* festgeschrieben. Aus diesem Anordnungsprinzip der Anfügung der „Christusbücher" als Neues Testament an die Bibel Israels als Altem Testament im Sinne eines zweiten Kanonteils ergibt sich eine sachlich notwendige Leserichtung – vom Alten zum Neuen Testament –, die auch die Interpretationsrichtung festlegt. Von der Antike bis heute ist bei redaktionell zusammengestellten Texten das Grundprinzip immer wieder zu finden, dass das Vorangestellte zum Verstehensschlüssel des Nachgestellten wird, d.h. dass die Leserichtung der Interpretationsrichtung entspricht, wobei bei der redaktionellen Zusammenfügung jüngere und ältere Teile in der Position – je nach beabsichtigter Interpretation – durchaus wechseln können.

Die sich daraus entwickelnde Konsequenz ist, dass das Neue Testament im Lichte des Alten Testamentes zu lesen ist. Kanonische Anordnung und Terminologie untermauern diese Forderung.

Die durch die *Prae-Position* festgeschriebene Anordnung impliziert aber weiteres. Denn folgt man der vorgeschriebenen *Leserichtung* in der christlichen Bibel, so liest man (idealiter) zuerst das gesamte Alte Testament (die Bibel Israels) ohne irgendeinen christlichen Bezug oder eine christologische Interpretation; denn das Christentum hat die Bibel Israels allein durch die kanonische Integration in der zweieinen christlichen Bibel interpretiert, nicht durch interne, punktuelle christologische Glossierung oder Kommentierungen. Erst wenn man im Sinn des idealen Lesens beim Neuen Testament angekommen ist, wird man durch Zitate, Anspielungen und Aufnahmen zurückverwiesen, so dass sich aus dem Gelesenen heraus selbst eine zweite Leserichtung, ein „Rückblick" (*Relecture*) vom Neuen Testament zum Alten hin ergibt. Dies ergibt sich daraus, dass die Leser des Neuen Testamentes alttestamentliche Texte oder Stoffe *einspielen* müssen, um die neutestamentlichen Texte erst zu verstehen. Präzise kann man auch sagen, dass die Texte der Christusverkündigung die Kenntnis der Bibel Israels voraussetzen, was die zweieine christliche Bibel in ihrer Anlage fixiert. In der zweieinen Bibel der Christen folgt aus der Festschreibung eine *Relecture* des zuvor schon gelesenen Altes Testamentes. Erst diese *Relecture*, das zweite Lesen, impliziert eine christliche Interpretation des Alten Testamentes, sie ergibt sich aus der Kanonstruktur der christlichen Bibel. Die Anordnung der zweigeteilten christlichen Bibel führt hermeneutisch zu einer doppelten Leseweise des ersten Teils (AT). Zuerst muss das Alte Testament für sich alleine gelesen werden, ohne christliche (neutestamentliche) Perspektive und zwar nicht zuletzt, um die notwendige Interpretationsbasis zum Verstehen des neutestamentlichen Textes zu legen. Dann aber ist in einem zweiten Schritt das Alte Testament vom Neuen her nochmals zu lesen, um es im Horizont des Christusereignisses zu verstehen.

Hinweise auf diese doppelte Leseweise des Alten Testamentes in der christlichen Bibel finden sich schon in der frühen Kirche, so z.B. dort, wo die berühmte Pilgernonne Egeria in ihrem Bericht von der Taufpraxis im Jerusalem des 4. Jh.s darauf hinweist, dass der Bischof in den 40 Tagen vor der Taufe den zu Taufenden die Schrift zweifach erklärt, indem er sie zuerst wörtlich, dann geistlich auslegt:

„Angefangen von der Genesis geht er [= der Bischof] in diesen 40 Tagen alle Schriften durch, zuerst legt er sie wörtlich (*carnaliter*) aus, dann deutet er sie geistlich (*spiritualiter*)". (Egeria, Itinerarium. 46,2 [Fontes Christiani 20] Freiburg 1995, 297)

Da es in dieser Zeit für die neutestamentlichen Schriften keine eigentliche „geistliche" Auslegung gab, denn der wörtliche Sinn des Neues Testament galt schon als geistlicher (christlich/christologischer), kann es sich bei der beschriebenen doppelten Auslegungsweise nur um alttestamentliche Schriften handeln. Aus der Darlegung ergibt sich auch, dass es logischerweise für den zweiten Teil der christlichen Bibel, das Neue Testament, kein vergleichbares zweifaches Verstehen geben kann, weil kein separates und selbständiges Verständnis – losgelöst vom Alten Testament – möglich ist. Das Neue Testament braucht das Alte Testament notwendigerweise, was in umgekehrter Richtung aber gerade nicht gilt, so dass sich das asymmetrische Verhältnis zwischen Judentum und Christentum auch im Verstehen der christlichen Bibel aus ihren zwei Teilen widerspiegelt.

Israelerinnerung durch das Alte Testament

Schließlich ergibt sich aus dieser Perspektive, dass das Verstehen des Alten Testamentes sich selbst von dieser doppelten Leseweise her vergewissert, die letztendlich zur *Erinnerung* als Wieder-Holung und Umkehr zu verstehen ist. Ein so verstandenes Altes Testament verbindet mit den jüdischen Wurzeln des Christentums, indem es das Judentum nicht enterbt, sondern als Erstadressat der Heiligen Schrift ernstnimmt und sich erinnernd mit ihm verbindet. *Israelerinnerung* gegen jede Form der *Israelvergessenheit*, zu der die Trennung von Juden und Christen geführt hat, und die sich wie Franz Mußner nachdrücklich gezeigt hat, auch im Neuen Testament selbst niedergeschlagen hat, gehört zu den zentralen Aufgaben von Kirche und Theologie im Sinne des Zweiten Vatikanischen Konzils. Das Dokument der Päpstlichen Bibelkommission hat dazu einen wichtigen und beachtenswerten Beitrag geliefert.

Zugrunde liegende und weiterführende Literatur

BRANDT, Peter, Endgestalt des Kanons. Das Arrangement der Schriften Israels in der jüdischen und christlichen Bibel (= BBB 131), Berlin 2001.

DOHMEN, Christoph, Die Bibel und ihre Auslegung, München ²2003.

DERS. / MUßNER, Franz, Nur die halbe Wahrheit? Für die Einheit der ganzen Bibel, Freiburg 1993.

DERS. / STEMBERGER, Günter, Hermeneutik der Jüdischen Bibel und des Alten Testaments, Stuttgart 1996.

LEHMANN, Karl, Das Alte Testament als Offenbarung der Kirche, in: HOSSFELD, Frank-Lothar (Hg.), Wieviel Systematik erlaubt die Schrift? (= QD 185) Freiburg 2001, 279-289.

MUßNER, Franz, Das Neue Testament als Dokument für den Ablösungsprozeß der Kirche von Israel, in: DERS., Die Kraft der Wurzel, Freiburg 1987, 164-171.

L'Interpretazione della Bibbia nella Chiesa. Atti del Simposio promosso della Congregazione per la Dottrina della Fede. Roma, settembre 1999 (= Collana atti e documenti 11) Città del Vaticano 2001.

II.
Franz Dünzl
Die Entscheidung der frühen Kirche für die heiligen Schriften des jüdischen Volkes

Für Christen unserer Tage bedeutet es eine Selbstverständlichkeit, dass die heiligen Schriften des jüdischen Volkes – in kirchlicher Diktion: das Alte Testament – integraler Bestandteil der christlichen Bibel sind und im Gottesdienst verlesen werden. Ebenso selbstverständlich scheint es allerdings, dass die alttestamentlichen Perikopen im christlichen Wortgottesdienst „nur" den Auftakt der Lesungen bilden, dass sie selten Gegenstand der Predigt werden, dafür aber umso häufiger liturgischen „Sparmaßnahmen" zum Opfer fallen (z.b. in der Ostervigil, in der regulär sieben alttestamentlichen Lesungen vorgesehen wären).

Für die frühe Kirche war dies alles nicht so selbstverständlich. Um mit dem Letzteren zu beginnen: Die wohl älteste erhaltene Osterhomilie des Meliton von Sardes (*peri pascha*, ca. 170 n.Chr.) fußt eindeutig auf der vorgetragenen Lesung Ex 12,1ff, die die nächtliche Feier des Pascha mit der Schlachtung des Lammes erzählt, dessen Blut die Israeliten schützt, während der Herr in derselben Nacht jede Erstgeburt in Ägypten erschlägt. Nicht die Passionsgeschichte, nicht das Osterevangelium, sondern ein Kernstück der jüdischen Tora und Liturgie bildet hier den Ausgangspunkt für die Verkündigung des Mysteriums von Tod und Auferstehung Jesu; dabei deutet Meliton das geschlachtete Paschalamm als Vorausbild (Typos) des leidenden Herrn, klagt gleichzeitig aber aufs Schärfste das Volk Israel an, dem er alle Schuld an der Kreuzigung Jesu zuweist. Diese Osterhomilie, die die heiligen Schriften des jüdischen Volkes aufgreift und würdigt, zugleich aber neu (nämlich christologisch) interpretiert und ihre Interpretation mit einer leidenschaftlichen Anklage gegen Israel verbindet, lässt die Spannungen ahnen, denen das Verhältnis zwischen früher Kirche und Synagoge gerade auch im Hinblick auf die gemeinsamen Traditionen der heiligen Schriften ausgesetzt war.

Genau dieser Spannungen wegen war es auch ganz und gar nicht selbstverständlich, dass die jüdische Bibel auf Dauer Glaubensgrundlage der Christen blieb. Insofern verbirgt sich hinter der nüchternen Feststellung der päpstlichen Bibelkommission, die Kirche habe „stets betont, dass Altes und Neues Testament untrennbar seien" (Nr. 19/37) ein Drama, das zu einer Zerreißprobe für das junge Christentum wurde. Der kritische Zeitraum, in dem eine Entscheidung pro oder contra Altes Testament fallen musste, war nicht (wie man meinen könnte) das 1., sondern das 2. Jh. n.Chr. Denn die christlichen Zeugnisse des 1. Jh.s – ganz gleich, ob sie später kanonische Geltung erlangten oder nicht (außerhalb des Neuen Testaments kommt hier der sog. 1. Clemensbrief in Betracht und – je nach Datierung – die älteste Kirchenordnung, die Didache) – diese christlichen Zeugnisse berufen sich allesamt auf die fraglos anerkannte Autorität der heiligen Schriften des jüdischen Volkes (in der griechischen Version des Diasporajudentums), wie sie den jungen Gemeinden damals vorlagen. Insofern haben die christlichen Zeugnisse des 1. Jh.s wesentlichen Anteil am „kanonischen Prozess", der über einen längeren Zeitraum hinweg zur Ausbildung des „Alten Testaments" als dem ersten Teil der kirchlichen Bibel führen sollte.

Dieser Prozess geriet im Christentum des 2. Jh.s jedoch in eine tiefe Krise, und zwar aus einer Reihe von Gründen: Der wichtigste dürfte die fortschreitende Emanzipierung der jungen Kirchen von ihren jüdischen Ursprüngen sein, eine Entwicklung, die emotional belastet war durch die Erfahrung der weitgehend gescheiterten Israelmission der Anhänger Jesu, die vollzogene Trennung von christlicher Gemeinde und jüdischer Synagoge, die entstandene und sich verschärfende Konkurrenzsituation in der Diaspora und die traumatisierenden Konflikte, die sich daraus ergaben.

Hinzu kam, dass eine der wichtigsten und umstrittensten Weichenstellungen des Urchristentums jetzt erst, im 2. Jh., ihre volle Tragweite erwies: Dass es gottesfürchtigen Heiden möglich sein sollte, sich der christlichen Gemeinde anzuschließen, ohne die Verpflichtung auf das jüdische Gesetz zu übernehmen, dass es also Christentum ohne Beschneidung, ohne Sabbat, ohne Reinheits-Tora, ohne Anbindung an den Tempel und seinen Opferkult geben konnte, das war ursprünglich (*post factum*) ein Zugeständnis gesetzesobservanter Judenchristen gewesen, repräsentiert und mehr noch: symbolisiert durch den Herrenbruder Jakobus – eine geduldete und oft genug noch bestrittene Alternative zum genuinen judenchristlichen „Weg". In Paulus freilich hatte diese Alternative einen ebenso leidenschaftlichen wie begabten Theoretiker gefunden, der das Problem auf die Heilsfrage zuspitzte: Nicht durch Werke des Gesetzes werde der Mensch gerecht, sondern durch den Glauben an Jesus Christus (Gal 2,16); denn das Gesetz – das Paulus durchaus als gerecht, heilig und gut anerkennt – komme faktisch als Heilsweg nicht in Frage, weil es die Menschen immer nur als Sünder entlarve; das Heil sei daher allein im Glauben an Christus zu finden, der uns vom Fluch des Gesetzes freigekauft hat (Gal 3,13) durch seinen Tod am Kreuz. Die Konsequenz, dass sich die Heidenchristen dem jüdischen Gesetz nicht unterstellen sollen, lag für Paulus auf der Hand (Gal 5,1-4).

Nun war es freilich keineswegs ausgemacht, dass sich die paulinische Theologie innerhalb der Kirche durchsetzen würde (vgl. etwa Mt 5,17-19; Jak 2,14-26; 2 Petr 3,15f). Doch das Gefälle der geschichtlichen Entwicklung arbeitete ihr in die Hand und beeinträchtigte die Erfolgsaussichten des gesetzesobservanten Judenchristentums: Der jüdische Aufstand gegen die römische Besatzungsmacht unter den Kaisern Nero und Vespasian trieb die Gemeinden der palästinischen Judenchristen in die Isolation, weil sie sich die nationale Sache nicht zu eigen machten. Die größte Erschütterung – eben nicht nur für das Judentum, sondern auch für das gesetzestreue Judenchristentum – bedeuteten aber die Zerstörung des Jerusalemer Tempels im Jahr 70 n.Chr. und das Ende des Opferkults dort. Während nämlich das rabbinische Judentum trotz dieser einschneidenden Zäsur an der Tempel- und Opfertheologie und den zugehörigen liturgischen Texten festhielt, erhielten die tempel-, kult- und gesetzeskritischen Strömungen innerhalb des Christentums durch diese Ereignisse entscheidenden Auftrieb, da die Katastrophe Israels als göttliches Gericht und als definitive Verwerfung des jüdischen Heilsweges gedeutet wurde.

Ein extremes Beispiel für eine solche Reaktion liegt uns vor im sog. Barnabasbrief (um 130/32 n.Chr.), der u.a. den jüdischen Opfern (*Barn*. 2,4-10), den Speisegeboten (*Barn*. 10,1-12) und dem Tempel (*Barn*. 16,1-10) jede reelle heilsgeschichtliche Bedeutung abspricht und ihnen einzig und allein allegorisch-prophetischen Sinn im Blick auf Christus und die Kirche zuerkennt. Die Stoßrichtung dieser Argumentation, bei der die heiligen Schriften des jüdischen Volkes als alleiniges Eigentum der Christen usurpiert werden, zielt trotz aller Polemik nicht gegen das Judentum als solches, sondern auf Mitchristen, die die Identität der Heilszusage Gottes für Juden und Christen hervorheben und damit die Kontinuität der Heilsgeschichte betonen (*Barn*. 4,6). Der Verfasser des sog. Barnabasbriefes hingegen hält zwar an den heiligen Schriften des jüdischen Volkes grundsätzlich fest, entwindet sie diesem aber gleichzeitig und zerschneidet so das Band heilsgeschichtlicher Kontinuität.

Der sog. Barnabasbrief ist in seiner Eigenart nicht typisch, aber symptomatisch für die gewachsene Distanz der Christen des 2. Jh.s zu den jüdischen Institutionen, die zu dieser Zeit ja teilweise bereits Vergangenheit sind. Verstärkt wird diese Distanz durch die soziologische Entwicklung des Christentums: Die Gewichte zwischen Judenchristentum und Heidenchristentum verschieben sich im 2. Jh. nachhaltig. Die Erfolge der frühchristlichen Missionsgeschichte kommen einseitig dem Heidenchristentum zugute, die Mission gesetzesobservanter Judenchristen unter den gottesfürchtigen Heiden verliert dagegen spätestens seit dem Beschneidungsverbot unter Kaiser Hadrian massiv an Bedeutung. Das Festhalten am mosaischen Gesetz entwickelt sich dadurch zu einer Minderheitenposition innerhalb der Kirche und gerät so in die Gefahr, als Häresie abgestempelt zu werden.

Das belegt für die Mitte des 2. Jh.s Justin der Märtyrer, der in seinem Dialog mit dem Juden Tryphon (um 160 n.Chr.) die Frage aufgreift, ob gesetzestreue Christen das Heil überhaupt erlangen können (*dial*. 46f) – so sehr haben sich die Verhältnisse gegenüber dem 1. Jh. gewandelt! Justin, der im Übrigen ständig mit den heiligen Schriften des jüdischen Volkes argumentiert, weist darauf hin, dass die Befolgung des ganzen mosaischen Gesetzes inzwischen ja unmöglich sei; seiner Ansicht nach können solche (Juden-)christen indes das Heil gewinnen, sofern sie die Gesetzesobservanz nicht zur *conditio sine qua non* des Christseins erheben und sie von den Heidenchristen einfordern. Seine eigene Haltung schätzt Justin als ausgesprochen tolerant und nachsichtig ein; es gibt seinen Worten zufolge nämlich auch Befürworter einer rigoroseren Position, wonach mit Judenchristen, die die mosaischen Gebote halten, keinerlei Gemeinschaft mehr zu pflegen sei – ein klares Indiz dafür, dass Gesetzesobservanz in der überwiegend heidenchristlichen Kirche nicht mehr selbstverständlich toleriert wird.

Es war nur eine Frage der Zeit, dass durch die zunehmende Distanzierung des Heidenchristentums vom Juden(christen)tum auch die Geltung der jüdischen Offenbarungsschriften grundsätzlich in Frage gestellt wurde. Man darf sich die Hinwendung von Nichtjuden zum Christentum ja nicht so vorstellen, als hätten diese keinerlei kulturellen „Background" gehabt und vor ihrer Bekehrung allenfalls einen primitiven Polytheismus vertreten. Es gab massive Vorbehalte oder Anfragen gegenüber dem jüdisch-biblischen Denken, die von gebildeten (oder halbgebildeten) Heiden in ihre Bekehrungsgeschichte eingebracht wurden. Sie betrafen vor allem das Gottesbild, insofern das unwandelbare Gut-Sein und die absolute Transzendenz des Geistig-Göttlichen im Strahlungsfeld des Platonismus zu einem „unfehlbaren Dogma" der Intellektuellen geworden waren, daneben aber auch den Schöpfungsgedanken, der den hellenistischen Vorstellungen von der Ewigkeit des Kosmos widersprach, sowie die Bewertung von Materie und Leiblichkeit, die wiederum im Gefolge platonisch-dualistischen Denkens anders ausfiel als in der jüdischen Bibel. Es lässt sich zeigen, dass solche Einwände die christliche Theologiegeschichte des 2. und 3. Jh.s (anders als die des 1.) zutiefst geprägt haben. Dabei ging es nicht zuletzt um Geltung und Deutung der heiligen Schriften des jüdischen Volkes im Christentum, also genau um jene Entscheidung pro oder contra, von der anfangs die Rede war.

Die Autorität der jüdischen Offenbarungsschriften für das Christentum wurde im 2. Jh. von zwei Seiten her vehement bestritten: zum einen durch Markion von Sinope und seine Anhänger, zum anderen durch diverse gnostische Gruppierungen christlicher Couleur.

Systematischer fundiert und insofern radikaler war die Position des Markion. Sie erklärt sich durch die Faszination, die Paulus auf diesen Theologen ausübte: Im Galaterbrief entdeckte Markion nämlich den Hinweis, dass das Evangelium, das Paulus verkündigte, nicht von Menschen stammte, sondern auf eine unmittelbare Offenbarung Jesu Christi zurückging (vgl. Gal 1,11f). In Gal 1,7 findet er ausdrücklich bekräftigt, dass es kein anderes Evangelium gebe, wohl aber einige Leute, die Verwirrung stiften und die das Evangelium Christi verfälschen wollen. Aus dem Zusammenhang des Briefes aber wird Markion klar, dass diese Gegner des Paulus Judenchristen gewesen sein müssen, die Beschneidung und Befolgung des mosaischen Gesetzes für heilsrelevant hielten, während Paulus die Rechtfertigung des Menschen allein aufgrund des Glaubens vertrat.

Aus dieser Beobachtung zog Markion eine radikale Konsequenz: Für ihn war alles Jüdische im Christentum gefälscht und falsch; es stammt von falschen Brüdern, die sich eingeschlichen hatten (vgl. Gal 2,4). Markion geht noch weiter: Weil sich auch in den Paulusbriefen offenkundig noch manches Jüdische findet, so muss auch das gefälscht und dem Paulus nachträglich unterschoben worden sein. Von daher sei es die vordringliche Aufgabe eines christlichen Theologen, die Paulusbriefe von solchen falschen Zusätzen (z.B. der Bezugnahme auf Abraham als Vater der Glaubenden: Gal 3,6-9.14-18.29) zu reinigen.

Genau diese Herausforderung hat Markion in Angriff genommen: Er unterzog eine ihm wohl schon vorliegende Sammlung von Paulusbriefen (so Schmid, Marcion 1995, 284-298), die zehn Briefe – ohne 1/2 Tim, Tit und Hebr – umfasste, einer textkritischen Bearbeitung. Seiner so „purgierten" Paulusrezension, dem „Apostolikon", dessen kämpferischen Auftakt der Galaterbrief bildete, stellte er ein einziges „Evangelium" an die Seite, das er aus dem ebenfalls „jüdisch verfälschten" Lukasevangelium wiedergewann (u.a. durch Streichung der lukanischen Kindheitsgeschichte). Aus diesem Evangelientorso und den gekürzten „Paulus"-Briefen bestand der biblische „Kanon" Markions – wenn schon nicht dem Begriff, so doch der Sache nach –, und das bedeutete zum einen die Ablehnung aller anderen christlichen Schriften der vorangegangenen Zeit, zum anderen aber die uneingeschränkte Verwerfung der jüdischen Bibel. Markion hat die Offenbarungsschriften Israels zwar bestens gekannt, er hat sie als Kundgabe des jüdischen Gottes ernst und wörtlich genommen, hat sie aber nicht als Grundlage, sondern als Gegensatz zur Offenbarung Jesu Christi verstanden, wie er in seinem eigentlich originellen Werk, den sog. „Antithesen", darlegte. Evangelium und Apostolikon Markions sollten die jüdische Bibel aus dem Glaubensbewusstsein der Christen verdrängen.

Fragt man nach dem Warum dieses radikalen Schnitts, so werden die tieferen, weltanschaulichen Gründe der anti-jüdischen Theologie Markions erkennbar – Gründe, die im 2. Jh. virulent waren: Für Markion konnte der Vater Jesu Christi unmöglich der Schöpfergott der jüdischen Bibel sein, da dieser den theologischen Ansprüchen seines eigenen Gottesbegriffs keineswegs genügte: Zwar ist der Schöpfergott *auch aus Markions Sicht* ein gerechter Gott: Er hat Israel erwählt und ihm das Gesetz gegeben; er belohnt die Gehorsamen, die sein Gesetz halten, aber die Sünder, die es übertreten, bestraft er mit Härte. Gerechtigkeit, Strenge und Härte – das sind Markion zufolge die Kennzeichen des jüdischen Schöpfergottes. Das Werk des Schöpfers aber, also diese Welt hier und in ihr der Mensch, erscheint ihm miserabel. Für Markion ist die Materie verachtenswert, und damit auch der Leib des Menschen und alles, was mit Sexualität und Fortpflanzung zu tun hat. Aus seiner Sicht ist der Mensch ganz erbärmlich konstituiert, schwach und hilflos, eben weil der Schöpfergott nichts Besseres zustande bringen konnte. Und in seiner Schwäche wird der Mensch von den Geboten des Schöpfergottes dauernd überfordert; darum wird er zum Sünder und verfällt der „gerechten" Strafe.

Jesus Christus kann also nicht vom Gott Israels in die Welt gesandt worden sein. Er verkündet einen anderen Gott, der nichts mit der Schöpfung zu tun hat, der bis dahin gänzlich unbekannt war und erst durch das Erscheinen Jesu Christi offenbar wurde. Dieser Gott residiert im dritten Himmel (vgl. 2 Kor 12,2) über dem Schöpfergott. Die Menschen sind nicht die Geschöpfe dieses Gottes, und dennoch hat er sich über ihren miserablen Zustand erbarmt; denn im Gegensatz zum Gott der jüdischen Bibel ist er nicht gerecht, sondern gut und willens, alle zu retten, auch die Sünder. Der Gott, der in Jesus Christus offenbar geworden ist, ist dieser Welt also ursprünglich fremd – mit Recht hat man darum die Verkündigung Markions „das Evangelium vom fremden Gott" genannt (A. v. Harnack).

Einen Beweis für die eigene Sicht fand Markion in einem Jesus-Logion seines Evangeliums: „Niemand weiß, wer der Vater ist, nur der Sohn, und (niemand weiß) wer der Sohn ist, nur der Vater und wem es der Sohn offenbaren will", heißt es in Lk 10,22 (die Umstellung der Satzglieder ist öfters bezeugt). Als Gott Israels wäre der Vater Jesu Christi ja längst bekannt gewesen und die Aussage in Lk 10,22 wäre absurd. So aber verkündet der Erlöser dezidiert den *unbekannten* Gott. Sein Evangelium ist ungeschuldet, ein Angebot reiner Güte, das *allen* Menschen gilt, den Gerechten *und* den Sündern. Denn der Erlösergott ist kein Richter, er macht keine Unterschiede. Er bietet allen seine Liebe an (auch den Verworfenen in der Unterwelt) und hofft auf Glauben. Die Menschen sollen ihm nicht aus Furcht vor Strafe folgen wie dem Schöpfergott, sondern sie sollen seiner Liebe in Freiheit antworten. Und die Erlösung bedeutet bei Markion nicht nur Erlösung aus dieser schlimmen Welt und dem verabscheuten Fleisch, sondern ebenso Erlösung vom Gott und Herrn dieser Welt, dem Schöpfergott der jüdischen Offenbarung. Diesem Gott hat der Erlöser auch einen Preis gezahlt dafür, dass er ihm seine Geschöpfe entführte: Er nahm den Fluch des Gesetzes auf sich und ließ sich ans Kreuz hängen, wie Paulus in Gal 3,13 schreibt: „Christus hat uns vom Fluch des Gesetzes losgekauft, indem er für uns zum Fluch geworden ist. Denn es steht in der Schrift: ‚Verflucht ist jeder, der am Pfahl hängt'" (Dtn 21,23). Durch seinen Tod am Kreuz hat der Erlöser die Menschen vom Gesetz und vom Gott des Gesetzes freigekauft. Wer dieses Evangelium im Glauben annimmt, ist gerettet; wer sich dagegen aus freien Stücken der Erlösung verweigert, bleibt in der Welt des Schöpfergottes zurück und geht mit ihr zugrunde. Der gute Gott verdammt niemanden, die Menschen verdammen sich höchstens selbst.

In der Theologie Markions – und ähnlich in christlich-gnostischen Systemen, die die Schöpfung des „jüdischen" Demiurgen und die Erlösung durch den aus dem Pleroma stammenden Christus voneinander abgrenzen – kommen Zeitströmungen zum Tragen, die biblischem Denken entgegengesetzt sind: Weltverneinung, Distanz gegenüber der Geschichte, Verachtung der Materie, der Leiblichkeit und der Sexualität, dazu möglicherweise auch ein gehöriger Schuss Antijudaismus, der nach den jüdischen Kriegen und Aufständen des 1. und 2. Jh.s im römischen Reich Konjunktur hatte. Daneben werden indes auch Fragen gestellt, die Theologie und Religionsphilosophie bis heute umtreiben: Die Frage nach der Theodizee, mit der sich der Glaube an den einen und einzigen Schöpfergott konfrontieren lassen muss; des Weiteren die Kritik an anthropomorphen Gottesvorstellungen (Markion wie auch die Gnostiker nahmen massiv Anstoß an den emotionalen und nationalen Zügen des jüdischen Gottesbildes); die Skepsis gegenüber unmittelbarer Immanenz und Geschichtswirksamkeit dieses Gottes, wie es die biblischen Schriften bezeugen; und schließlich auch die irritierend-fühlbaren Spannungen, die aus einer jahrhundertelangen Offenbarungsgeschichte schon innerhalb der jüdischen Bibel, erst recht aber aus der Aufeinanderfolge von jüdischem und christlichem Schrifttum resultieren – alles Fragen, die nicht ohne weiteres lösbar sind.

Es muss im 2. Jh. eine verführerische Alternative gewesen sein, diesen gordischen Knoten im Sinne Markions bzw. der Gnostiker zu durchhauen, indem man alle Probleme auf den Gott der jüdischen Bibel, den „Demiurgen", abwälzte, um so den „eigenen" Gott, den Gott der Christen bzw. der christlichen Gnostiker, in makelloser Reinheit erscheinen zu lassen (den großen Erfolg Markions bezeugen Justin, 1 *apol.* 26,5; 58,1f und Tertullian, *adv. Marcionem* V 19,2). Warum ist die Kirche des 2. Jh.s dieser verlockenden Alternative trotz der gewachsenen Distanz zum Judentum nicht erlegen, warum hat sie Markion ebenso wie die Gnostiker mit Entschlossenheit als Häretiker ausgegrenzt und in einer Reihe ambitionierter Schriften widerlegt?

Der wichtigste Grund dafür ist m.E. im Festhalten an der kirchlichen Tradition, am Herkommen und am liturgischen Brauch zu sehen: In Rom, also jener Gemeinde, die Markion um 144 n.Chr. exkommunizierte, beschreibt Justin kein Jahrzehnt später in seiner großen Apologie den christlichen Sonntagsgottesdienst und erwähnt darin auch die Lesung aus den „,Denkwürdigkeiten der Apostel' oder den Schriften der Propheten" (1 *apol.* 67,3); die heiligen Schriften des jüdischen Volkes, die hier offenbar generell in prophetischer Perspektive rezipiert sind, gehören also längst zum festen Repertoire der christlichen Liturgie und lassen sich nicht mehr im Handstreich eliminieren. Von einem anderen liturgischen Zeugnis, der

Osterhomilie des Meliton von Sardes um 170 n.Chr., das die Bedeutung eines hochkarätigen Tora-Textes am wichtigsten Jahresfest der Christen unterstreicht, war eingangs schon die Rede. Darüber hinaus sind Katechese (Taufunterweisung) und liturgische Gebetspraxis hier in Rechnung zu stellen. Liturgie aber hat Gewicht, sie schafft Gewohnheit, ist gelebte Tradition und setzt damit Normen – nicht nur in Theologenkreisen, sondern für die ganze Gemeinde. Damit stellte die Liturgie wohl die erste und wichtigste (auch emotionale) Barriere gegen alle „Neuerungen" im Sinne Markions oder der Gnostiker dar, noch vor aller theologischen Reflexion.

Was die Gemeinden als Widerspruch gegen ihre liturgische Praxis empfanden, wurde in der Kirche des 2. Jh.s indes sehr bald auch theologisch reflektiert durch die Formulierungen der „Glaubensregel" (*regula fidei*; Kanon der Wahrheit) und den ausgefeilten literarischen Rekurs auf die apostolische Tradition, mit dem die „Häresien" bekämpft wurden. Nun hat zwar die historisch-kritische Forschung des letzten Jahrhunderts intensiv daran gearbeitet, die Schwächen dieses Rekurses aufzuzeigen: So hat sich etwa die römische Bischofsliste, mit der Irenäus von Lyon um 185 n.Chr. die Kontinuität der apostolischen Lehre bis in seine Gegenwart exemplarisch an Rom demonstrieren wollte (*adv. haer.* III 3,2f), als Geschichtskonstruktion erwiesen, die das Amt des Einzelbischofs, also den Monepiskopat des späteren 2. Jh.s auf die Anfänge der Kirche zurückprojiziert. Generell darf man davon ausgehen, dass die antihäretischen Theologen der Kirche bei ihrem Insistieren auf der apostolischen Tradition das Moment der Identität und Kontinuität überbetonten, während sie das Moment der Pluralität und des Wandels vernachlässigten. Dennoch wird gerade in der Konfrontation mit Markion oder den christlichen Gnostikern erkennbar, dass ihre Option nicht so sehr ideologisch motiviert war, sondern kritische Funktion hatte: Denn unabhängig von historischen Unzulänglichkeiten im Detail, gelingt es Theologen wie Irenäus zu demonstrieren, dass die Kirche im Gegensatz zu Markion und den Gnostikern eminent daran interessiert ist, sich bleibend an ihrem Ursprung, an der Norm des Anfangs, der apostolischen Überlieferung und an Jesus von Nazaret als historischer Gestalt zu orientieren. Sie sieht sich in der zeit-übergreifenden Kontinuität einer Glaubensgemeinschaft, die nicht einfach gesprengt werden kann, und diese Kontinuität reicht über das Urchristentum hinaus zurück in die Offenbarungsgeschichte des Volkes Israel.

Mit dem Rekurs auf die Tradition bekennt sich die Kirche des 2. Jh.s zur Geschichte, zur historischen Realität ihrer Anfänge (so gut sie sie zu erkennen vermag). Demgegenüber erweist sich die Systembildung Markions (ebenso wie die Kunstmythen der christlichen Gnostiker) als Fiktion bis hin zur doketischen Konzeption des Erlösers: Mit dem Juden Jesus, dem realen Menschen aus Fleisch und Blut, der sich vom Gott Israels gesandt weiß, der zu ihm betet und mit der Tora argumentiert (vgl. Mk 12,26f par), hat die Erlösergestalt Markions oder die der Gnostiker kaum mehr etwas zu tun – sie dient auch gar nicht dazu, die Geschichte eines konkreten Menschen zu erinnern und gegenwärtig zu halten, sondern transportiert nur eine Botschaft, die Botschaft der Erlösung, so wie Markion bzw. die Gnostiker sie sich vorstellten. Und in dieser Fiktion haben die Überlieferungen Israels keinen oder (was die willkürliche Selektion und Bewertung biblischer Aussagen durch die Gnostiker angeht) wenig Raum.

Im Gegensatz dazu nehmen Theologen wie Irenäus im 2. Jh. bewusst Maß an der urchristlichen Verkündigung, wie sie in den Zeugnissen des 1. Jh.s erhalten ist, und vertrauen deren durchgängiger Berufung auf die Schriften der jüdischen Bibel. Insofern war die nun einsetzende Kanonisierung des zweiten Teils der christlichen Bibel, des Neuen Testaments in seiner ganzen Breite, unabdingbar dafür, auch ihren ersten Teil, die heiligen Schriften Israels, für die Kirche auf Dauer zu „retten". Dieser kanonische Prozess beinhaltet bei Irenäus um 185 n.Chr. ähnlich wie zwei Jahrzehnte später bei Tertullian von Karthago den extensiv geführten Nachweis, dass die Schriften des Alten und Neuen Testaments ebenso wie die neutestamentlichen Schriften untereinander in Übereinstimmung stehen (vgl. Irenäus, *adv. haer.* III 5-25; IV-V; Tertullian, *adv. Marcionem* III 5-24; IV-V). Sicherlich sind auch in diesen Beweisgängen wieder hermeneutische Fehlurteile zu monieren, v.a. was die Relation von alttestamentlicher Verheißung und neutestamentlicher Erfüllung oder die Nivellierung der Differenzen innerhalb des Neuen Testaments angeht. Die Christusverkündigung war auf dem Boden der jüdischen Bibel entstanden, sie war an deren Aussagen (etwa den Gottesknechtsliedern oder den Psalmen) geformt worden – nun, anderthalb Jahrhunderte später, nehmen christliche Theologen in einer Art Zirkelschluss beglückt wahr, dass der Christus der Kirche in den Büchern des Alten Testaments bis ins Detail „vorhergesagt" ist.

Dennoch: die Gesamtperspektive der altkirchlichen Theologen, die an der Kontinuität der Offenbarung und an der Verwiesenheit der Christusverkündigung auf das Alte Testament festhalten, kommt dem Sachverhalt, wie er durch die historisch-kritische Exegese (nun freilich weitaus differenzierter und verlässlicher) aufgewiesen werden kann, doch sehr viel näher als die Zuspitzung und Radikalisierung des Paulinismus bei Markion oder die willkürliche Selektion biblischer Aussagen durch die Gnostiker (die den Text der heiligen Schriften nicht mehr als „Gegenüber" ernst nehmen): Denn nach allem, was exegetische Wissenschaft – jüdisch wie christlich! – heute zeigen kann, *ist* der Gott der jüdischen Bibel derjenige, den Jesus als seinen Vater anruft, und somit ist auch der kirchliche Glaube in seiner Identität bestimmt: Dass die Welt die Schöpfung dieses Gottes ist und Israel sein auserwähltes Volk, dass „Gesetz und Propheten" gültige Offenbarung und Kundgebung seines Willens sind, kann nur verneint werden, wenn gleichzeitig die normative Rückbindung an Jesus von Nazaret aufgegeben wird, wie es Markion und die Gnostiker *de facto* tun.

Noch ein weiterer Grund kann – neben der Verankerung der jüdischen Bibel im Leben und Bewusstsein der Gemeinden und neben dem theologischen Rekurs auf die urchristliche Tradition – dafür angegeben werden, dass die kirchlichen Schriftsteller des 2. Jh.s an der Bibel Israels festhielten: Angesichts des Legitimationsbedarfs der „neuen" christlichen Religion in einer heidnischen Umwelt, die dem Alter (der *antiquitas*) religiöser Traditionen höchsten Wert zumaß, konnten nur die jüdischen Bücher des Mose und der Propheten den erforderlichen Altersbeweis leisten (vgl. etwa Justin, 1 *apol*. 31; 59; Tatian, *oratio ad Graecos* 31-41; Theophilus von Antiochien, *ad Autolycum* II 33; III 1; 16-30; Clemens von Alexandrien, *stromateis* I 101; 130 u.ö.). Dadurch, dass die prophetisch verstandenen heiligen Schriften Israels es den christlichen Apologeten ermöglichten, die Geschichte der eigenen Offenbarungsreligion bis in graue Vorzeit zurückzuverfolgen, ließ sich der Vorwurf der Traditionslosigkeit entkräften; umgekehrt zögerte die Kirche nicht, die Lehre Markions vom unbekannten Gott und die Systembildungen christlicher Gnostiker mit dem polemischen Verdikt der Neuerung zu belegen (vgl. z.B. Irenäus, *adv. haer*. III 4,3; Tertullian, *praescr*. 29-31).

Das Insistieren auf den geschichtlichen Traditionen der jüdisch-christlichen Offenbarung hat im 2. Jh. verhindert, dass die Kirche sich selbst von ihren Wurzeln losgerissen hätte, wie es Markion und in anderer Weise auch die christlichen Gnostiker versuchten. Damit lud sie sich freilich die weltanschaulichen Probleme auf, von denen im Zusammenhang mit den Motiven Markions schon die Rede war, und musste bei der Auslegung des Alten Testaments nach alternativen Lösungsmöglichkeiten suchen. Ob die kirchlichen Theologen mit den hermeneutischen Methoden der Typologie und Allegorese, mit der Abwertung und faktischen Ausblendung einiger Teile der jüdischen Bibel oder mit der geschichtstheologischen Kategorie der Propädeutik (das Alte Testament als Vorbereitung des Neuen) dem Anspruch der heiligen Schriften Israels an die Kirche wirklich gerecht wurden, ist eine andere Frage, die hier nicht mehr erörtert werden kann. Bedrängend bleibt auch das Problem, wie die zweiteilige kirchliche Bibel, deren Texte über nahezu 1000 Jahre hinweg in geschichtlicher Konkretion entstanden (was stets von Neuem Kontingenz, Perspektivität, zeitbedingte Begrenztheit, Wandel und Widerspruch, Relecture und Neubewertung bedeutet), dennoch als bleibend gültige Offenbarung des *einen* Gottes verstanden und vermittelt werden kann. Dass Christen solche Fragen heute wieder aufgreifen, statt sich auf die Fiktion eines zeitlos-absoluten Evangeliums zurückzuziehen, hat indes ganz entscheidend mit jener Weichenstellung des 2. Jh.s zu tun, mit der sich die Kirche – unter Ausgrenzung anders denkender Minderheiten – auf Dauer an die Autorität der heiligen Schriften des jüdischen Volkes band.

Zugrunde liegende und weiterführende Literatur

ANGERSTORFER, Ingeborg, Melito und das Judentum, Diss. Regensburg 1986.
BROX, Norbert, Offenbarung, Gnosis und gnostischer Mythos bei Irenäus von Lyon (= SPS 1), Salzburg/München 1966.
DERS., Die biblische Hermeneutik des Irenäus (1998), in: BROX, Norbert, Das Frühchristentum. Schriften zur Historischen Theologie, hg. v. DÜNZL, Franz / FÜRST, Alfons / PROSTMEIER, Ferdinand R., Freiburg u.a. 2000, 233-254.
VON CAMPENHAUSEN, Hans, Die Entstehung der christlichen Bibel (= BHTh 39), Tübingen 1968.
DÜNZL, Franz, Spuren theologischer „Aufklärung" bei Irenäus von Lyon, in: BAUER, Johannes Baptist (Hg.), Philophronesis für Norbert Brox (= GrTS 19), Graz 1995, 77-117.
VON HARNACK, Adolf, Marcion. Das Evangelium vom fremden Gott. Neue Studien zu Marcion, Leipzig ²1924.1923, Nachdruck Darmstadt 1996.
PROSTMEIER, Ferdinand R., Antijudaismus im Rahmen christlicher Hermeneutik. Zum Streit über christliche Identität in der Alten Kirche. Notizen zum Barnabasbrief, in: Zeitschrift für Antikes Christentum 6 (2002) 38-58.
DERS., Der Barnabasbrief (= KAV 8), Göttingen 1999.
RUDOLPH, Anette, „Denn wir sind jenes Volk ...". Die neue Gottesverehrung in Justins Dialog mit dem Juden Tryphon in historisch-theologischer Sicht (= Hereditas 15), Bonn 1999.
SCHMID, Ulrich, Marcion und sein Apostolos, Berlin 1995.

III.
ERNST-LUDWIG EHRLICH
DAS JÜDISCHE VOLK UND SEINE HEILIGE SCHRIFT IN DER CHRISTLICHEN BIBEL

Am 24. Mai 2001 hat die Päpstliche Bibelkommission ein Dokument veröffentlicht, das in vieler Beziehung als geradezu revolutionär innerhalb der katholischen Kirche bezeichnet werden kann. Zweifellos hat hier die Entwicklung nach dem Zweiten Vatikanischen Konzil und der Erklärung *Nostra Aetate* eine Rolle gespielt. In seinem Vorwort schreibt Joseph Kardinal Ratzinger: „Die Bibelkommission konnte aber bei ihrer Arbeit nicht von dem Kontext unserer Gegenwart absehen, in der der Schock der Schoa die ganze Frage in ein anderes Licht getaucht hat." (Vorwort 7) Hier wird also angedeutet, dass die Kirche bereit ist, im Hinblick auf die Schoa ihr Verhältnis zum Judentum grundsätzlich zu verändern. Dazu gehört zweifellos auch, dass die Kirche zu einem neuen Respekt für die jüdische Auslegung des Alten Testaments aufgerufen wird. So wichtig die Integration des Alten Testaments, das die Juden die Hebräische Bibel nennen, ist, so kritisch ist heute die Darstellung der Juden im Neuen Testament zu behandeln. Hier liegt eine der Ursachen der modernen Judenfeindschaft auch unter Christen während der NS-Zeit. Auch dieses Problem wird in dem vorliegenden Dokument behandelt.

Sorgfältig wird in unserem Text versucht, kein Kollektivurteil über die Juden schlechthin zu fällen, obwohl es durchaus eine Parallele gibt, wie eine Führungsklasse innerhalb des jüdischen Volkes sich gegen die Propheten wandte und der Haltung solcher Kreise gegenüber Jesus. Ein solcher Konflikt kommt im Neuen Testament zum Ausdruck. Hierbei handelt es sich im Übrigen um eine Ausdrucksweise, die eine Situation fortgeschrittener Trennung zwischen den christlichen und den jüdischen Gemeinden widerspiegelt (vgl. Nr. 76/146). Daraus ergibt sich deutlich, dass die neutestamentliche Polemik gegen verschiedene jüdische Autoritäten keine Geschichtsdarstellung im modernen Sinne ist, sondern die spätere Auseinandersetzung zwischen dem Judentum und der werdenden Kirche. Immer wieder wird in diesem Zusammenhang hervorgehoben, dass die Polemik in den Evangelien sich nicht gegen die Juden im Allgemeinen richtet. Die Auseinandersetzung ist eher ein interner Streit zwischen zwei verschiedenen Gruppen des Judentums, die sich im Übrigen ohnehin nur zwischen den Führern dieser Gruppen abspielt (vgl. Nr. 70/132). Ausgezeichnet wird die Situation zwischen Juden und Christen im letzten Drittel des ersten Jahrhunderts dargestellt (vgl. Nr. 69/129). Nur vermisst man in diesem Zusammenhang die Tatsache, dass die jüdische Urgemeinde, etwa zu Beginn des jüdischen Aufstandes im Jahre 66, das Heilige Land verließ und sich in das Ost-Jordanland begab. Dort ist diese Urzelle judenchristlichen Glaubensgutes in den zwei ersten Jahrhunderten versandet und aus der Geschichte verschwunden. Dieser Vorgang hatte selbstverständlich Folgen für spätere Konflikte, wie vor allem die durch Paulus missionierten Heidenchristen die werdende Kirche bestimmten.

Relativ neu in einem offiziellen vatikanischen Dokument ist der Hinweis auf die Pharisäer: „Immerhin bleibt es bei der Vermutung, dass das Bild der Pharisäer in den Evangelien z.T. durch spätere Polemik zwischen Christen und Juden beeinflusst ist. Zur Lebenszeit Jesu gab es sicherlich Pharisäer, deren Ethik volle Zustimmung verdient." (Nr. 67/126) Im Übrigen wird in dem Dokument richtig darauf hingewiesen, dass innerhalb der verschiedenen jüdischen Richtungen oft starke Spannungen herrschten, wie z.B. die Schriften von Qumran beweisen.

Das Kapitel „Die Juden im Neuen Testament" erscheint uns für die Hermeneutik in der christlichen Bibel mindestens so wichtig, wie die ungemein deutlichen Ausführungen über das Alte Testament, die Hebräische Bibel. Wenn ein Satz wie der folgende, in der heutigen Kirche wirklich ganz ernst genommen würde, wäre dieser Kirche der Boden jeder Form der Judenfeindschaft entzogen: „Von den Juden haben die Evangelien und die Apostelgeschichte eine sehr positive Grundauffassung, denn sie erkennen das jüdische Volk all das Volk an, das Gott zur Verwirklichung seines Heilsplans auserwählt hat. Diese göttliche Auswahl findet ihren höchsten Ausdruck in der Person Jesu, des Sohnes einer jüdischen Mutter." (Nr. 70/130)

Die Einbettung in das Judentum ist also völlig unbestritten. Was die Hebräische Bibel angeht, so werden die jüdischen Methoden der Exegese voll anerkannt und es wird empfohlen, diese zur Kenntnis zu nehmen. Eine Abwehr der Hebräischen Bibel findet nirgends statt. Wir erwähnen in diesem Kontext nur die Behandlung der Psalmen in unserem Dokument. Darüber heißt es: „Wenn man hinreichend zwischen den bleibenden und den zeitgebundenen Elementen in Denken und Sprache unterscheidet, kann der Gebetsschatz Israels in großer Tiefe das Gebet der Menschen aller Zeiten und Orte zum Ausdruck bringen. Darin liegt der *bleibende Wert* dieser Texte." (Nr. 48/91)

Zusammenfassend lässt sich sagen, dass man in der Vergangenheit freilich den Fehler begangen hat, einseitig nur das Trennende zwischen Altem und Neuem Testament hervorzuheben, ohne das Verbindende zu beachten: „Diese Kontinuität hat tiefe Wurzeln und zeigt sich auf verschiedenen Ebenen. So erscheinen im Christentum wie dem Judentum Schrift und Überlieferung in vergleichbarer Weise miteinander verbunden. Jüdische Methoden der Schriftauslegung finden häufig im Neuen Testament Verwendung."

(Nr. 84/161) Wiederum findet sich in unserem Text eine Formulierung, die jede Form des Antijudaismus unmöglich machen sollte: „Ohne das Alte Testament wäre das Neue Testament ein Buch, das nicht entschlüsselt werden kann, wie eine Pflanze ohne Wurzeln, die zum Austrocknen verurteilt ist." (Nr. 84/161)

In Anbetracht dieses neuen Dokumentes kann man sich nur wundern, wie lange es gedauert hat, bis die Kirche zur Erkenntnis gekommen ist, dass die ersten Christen eine der Gruppen darstellen, die in der Vielfalt des Judentums existierten. Angesichts dieses geistlichen Reichtums in der Zeit der Entstehung des Christentums entfällt ein Antagonismus, der Judentum und Christentum als von Anfang sich ausschließende Gruppierungen sieht. Wenn man unseren Text auf eine kurze Formel bringen will, so kann man hier den Satz von Papst Johannes Paul II. anwenden, den er in Mainz bereits im Jahre 1980 äußerte: „Die Begegnung zwischen dem Gottesvolk des von Gott niemals gekündigten (vgl. Röm 11,29) Alten Bundes und dem des Neuen Bundes ist zugleich ein Dialog innerhalb unserer Kirche, gleichsam zwischen dem ersten und dem zweiten Teil ihrer Bibel". (zit. nach Nr. 86/164). Das Alte und das Neue Testament stehen also in einem Dialog innerhalb der Kirche.

In diesem Sinne seien auch die letzten Worte unseres Dokumentes zitiert: „Das Beispiel von Paulus in Röm 9-11 zeigt vielmehr eine Haltung des Respekts, der Hochschätzung und der Liebe gegenüber dem jüdischen Volk. Diese ist die einzige wirkliche christliche Haltung in einer heilsgeschichtlichen Situation, die in geheimnisvoller Weise Teil des ganz positiven Heilsplans Gottes ist. Der Dialog bleibt möglich, da Juden und Christen ein reiches gemeinsames Erbe besitzen, das sie verbindet. Er ist auch in höchstem Maße wünschenswert, damit es gelingt, fortschreitend auf beiden Seiten Vorurteile und Missverständnisse zu überwinden zugunsten einer besseren Kenntnis des gemeinsamen Erbes und zur Stärkung der wechselseitigen Bande." (Nr. 87/167)

Dazu schreibt Johannes Beutler SJ: „Diesen abschließenden Worten des Dokumentes dürfte nichts hinzuzufügen sein. Bleibt nur zu wünschen, dass es in der Kirche Gehör finden möge, auch und gerade im gegenwärtigen Augenblick." (BEUTLER, Johannes, Das jüdische Volk und die christliche Bibel. Zu einem neuen Dokument der Päpstlichen Bibelkommission, in: StZ 127 (2002) 519-529, hier: 529.)

IV.
HUBERT FRANKEMÖLLE
DIE HEILIGEN SCHRIFTEN DER JUDEN UND DIE CHRISTOLOGIE

Im Kontext der Erklärung „Das jüdische Volk und seine Heilige Schrift in der christlichen Bibel" mag das von mir gewählte Thema randständig erscheinen, das von manchem Leser vielleicht gar nicht wahrgenommen wurde. Es wird auch nicht direkt thematisiert, ist aber meiner Meinung nach die Schlüsselfrage für ein erneuertes Verhältnis von Christen und Juden. Geht es doch letztlich um den Glauben an den einzig-einen Gott oder um den Glauben an den dreifaltig-einen Gott, der sich in Jesus Christus geoffenbart hat und „Fleisch wurde" (Joh 1,14). Gehört dieser Glaube in die Kategorie der Kontinuität, der Diskontinuität oder der Progression (Nr. 64f/118-121)? Auffällig dabei ist, dass als Elemente der Diskontinuität lediglich „ganze Bereiche des Gesetzes" genannt werden, die zwar als „bedeutende Elemente" des Judentums charakterisiert werden, im Christentum aber „verschwinden" (vgl. Nr. 64/119). Von Christologie ist in diesem Kontext keine Rede. Sie gehört nach der Erklärung in die Kategorie der Progression, derzufolge ein Glaubensinhalt „zur Vollendung" kommt (Nr. 65/119).

Erklärend heißt es in Nr. 65a dazu: „Das Neue Testament hält unerschütterlich am monotheistischen Glauben Israels fest: Gott bleibt der einzige [unter Hinweis auf Mk 12,29; 1 Kor 8,4; Eph 4,6; 1 Tim 2,5]; dennoch nimmt der Sohn an seinem Geheimnis teil, das man von jetzt an nur noch in einem dreifachen Symbolismus zum Ausdruck bringen kann, der – wenn auch nur von fern – im Alten Testament vorbereitet war." (Nr. 65/120) Ob Juden und christliche Alttestamentler dem zustimmen können? Ob eine solche sich ökumenisch gebende, Brücken bauende These für den christlich-jüdischen Dialog förderlich ist?

Mein Ergebnis wird lauten: Ja und nein, da es mit den Schlussworten der Erklärung in der Tat darum geht: „Der Dialog bleibt möglich, da Juden und Christen ein reiches gemeinsames Erbe besitzen, das sie verbindet. Er ist auch in höchstem Maße wünschenswert, damit es gelingt, fortschreitend auf beiden Seiten Vorurteile und Missverständnisse zu überwinden zugunsten einer besseren Kenntnis des gemeinsamen Erbes und zur Stärkung der wechselseitigen Bande." (Nr. 87/167) In der Tat: Es geht um eine bessere Kenntnis des gemeinsamen Erbes, aber auf welcher textlichen Basis?

Damit der Leser nicht allzu euphorisch wird, möchte ich mir die warnenden Worte des im christlich-jüdischen Dialog erfahrenen Clemens Thoma zu eigen machen: „In der speziellen Gottesfrage liegt das empfindliche Zentrum allen jüdisch-christlichen Dissenses. Wer leichtfertig darüber hinweg dialogisiert, treibt den jüdisch-christlichen Dialog dem Scheitern entgegen. [...] Christen müssen begreifen lernen und es in Kauf nehmen, daß Juden die Einbeziehung Christi in die Göttlichkeit hinein nicht akzeptieren können. [...] Die größte Gemeinsamkeit bei aller Differenz in der Gottesfrage leuchtet dann auf, wenn Juden ohne Christusbekenntnis und Christen in der Christusgemeinschaft jenem Tage entgegenbeten und entgegenarbeiten, da ‚Gott einer sein wird und da auch sein Name einer sein wird' (Sach 14,9)". (Thoma, Art. Gott 1989, 74)

Noch einmal: Auf welcher textlichen Basis werden die Aussagen in Nr. 65a gemacht? Von welcher „Heiligen Schrift" spricht die Erklärung? Welche stillschweigenden Prämissen des theologischen Verstehens werden vorausgesetzt? Hier gilt es zu differenzieren. Ich möchte auf einige inhaltliche und hermeneutische Prämissen und Probleme hinweisen, die für einen angemessenen, nüchternen Dialog aus meiner Perspektive entscheidend sind.

1. Jüdische und christliche Schriftlesung

Wenn ich mich nicht täusche, hat zum ersten Mal ein offizielles Dokument des Vatikans nicht nur die im ersten Teil der christlichen Bibel gesammelten heiligen Schriften Israels als solche anerkannt, sondern auch die pharisäisch-rabbinische Lesart in neutestamentlicher Zeit als theologisch gleichwertig angesehen. Das Dokument der Päpstlichen Bibelkommission „Die Interpretation der Bibel in der Kirche" von 1993 hatte die Zugänge zur heiligen Schrift über die jüdische Interpretations-Tradition als „eine Hilfe ersten Rangs für die Exegese der beiden Testamente" bezeichnet, zugleich aber die beiden Lektüreweisen aufgrund des Christus-Glaubens als „radikal verschieden" interpretiert (KuJ II, 80 bzw. VAS 115, S.48). Jetzt heißt es hinsichtlich der Frage, „ob die Christen sich nicht vorwerfen müssen, sich die jüdische Bibel angeeignet zu haben durch eine Lesart, in der kein Jude sich wieder findet", dass hinsichtlich „der Aneignung der jüdischen Schrift durch die Christen" eine negative Antwort fehl am Platz ist, „denn die Christen können und müssen zugeben, dass die jüdische Lesung der Bibel eine mögliche Leseweise darstellt, die sich organisch aus der jüdischen Heiligen Schrift der Zeit des Zweiten Tempels ergibt, in Analogie zur christlichen Leseweise, die sich parallel entwickelte. Jede dieser beiden Leseweisen bleibt der jeweiligen Glaubenssicht treu, deren Frucht und Ausdruck sie ist. So ist die eine nicht auf die andere rückführbar." (Nr. 22/44) Dieser Satz ist zukunftsweisend.

Eine jahrhundertelang von christlicher Seite vertretene Position wird hier – endlich – aufgegeben zugunsten der Akzeptanz der jeweiligen Glaubensüberzeugung. Wurde bislang der zumindest praktizierte Absolutheitsanspruchs der lateinisch-römischen Kirche vom Glauben an eine faktische Heilsexklusivität geprägt, derzufolge für jüdische Religion und jüdische Menschen kein Platz mehr war (vgl. etwa Zwangstaufen, Vertreibungen u.a.), werden jetzt jüdische und christliche Identität parallel gesehen, ohne dem Anderen seinen Glauben und seine Lesart der Heiligen Schrift in Frage zu stellen.

Ähnlich formulierte es Papst Johannes Paul II. in seiner berühmten Ansprache anlässlich des ersten Besuches eines Papstes in der Hauptsynagoge von Rom am 13. April 1986: „Niemandem entgeht, daß der anfängliche grundsätzliche Unterschied in der Zustimmung der Katholiken [und aller Christen] zur Person und zur Lehre Jesu von Nazaret besteht, der ein Sohn eures Volkes ist. [...] Aber diese Zustimmung gehört dem Bereich des Glaubens an, das heißt der freien Zustimmung der Vernunft und des Herzens, die vom Geist geleitet werden. Sie darf niemals in dem einen oder anderen Sinn zum Gegenstand von äußerem Druck werden. Das ist der Grund dafür, warum wir bereit sind, den Dialog unter uns in Loyalität und Freundschaft sowie in der Achtung vor den inneren Überzeugungen der einen und der anderen zu vertiefen." (KuJ I, 110).

Beachtet man diese unterschiedliche jüdische und christliche Perspektivität bei der Lesung der Bibel als je eigene „mögliche Leseweise", müssten sich indikativische Aussagen ohne Angabe dieser Glaubensperspektive verbieten. Dies gilt etwa für den Satz: „Jesus von Nazaret hat den Anspruch erhoben, der wahre Erbe des Alten Testament – der ‚Schrift' – zu sein und ihm die gültige Auslegung zu geben, [...]" (so Kardinal Ratzinger als Präsident der Päpstlichen Bibelkommission im Vorwort S. 5). Ähnlich kritisch ist seine Bemerkung (ebd. 6) hinsichtlich des theologischen Eigenwertes der heiligen Schriften Israels zu kommentieren: „Dass aber die Schriftsteller der vorchristlichen Jahrhunderte, die in den alttestamentlichen Büchern zu Worte kommen, auf Christus und auf den Glauben des Neuen Testaments voraus verweisen wollten, erscheint dem modernen historischen Bewusstsein mehr als unwahrscheinlich. Insofern schien mit dem Sieg der historisch-kritischen Exegese die vom Neuen Testament selbst initiierte christliche Auslegung des Alten Testaments gescheitert. Dies ist [...] nicht eine historische Einzelfrage, sondern die Grundlagen des Christentums selbst stehen dabei zur Debatte." (Vorwort 6) Liefert das Christentum – so lautet die Gegenthese von Ratzinger zu Nr. 22 – „den Deutungsschlüssel" im Singular und mit exkludierendem Artikel (Vorwort 5) für die Heilige Schrift des jüdischen Volkes? Gilt nicht umgekehrt: „Ohne das Alte Testament wäre das Neue Testament ein Buch, das nicht entschlüsselt werden kann, wie eine Pflanze ohne Wurzeln, die zum Austrocknen verurteilt ist." (Nr. 84/161)

Der Frage nach der Möglichkeit unterschiedlichen Lesens derselben Texte ist noch etwas weiter nachzugehen. Letztlich entscheidet sich daran, wie man die oben ausführlich zitierte Rede aus Nr. 65 vom „Geheimnis", „das man von jetzt an nur noch in einem dreifachen Symbolismus zum Ausdruck bringen kann, der – wenn auch nur von fern – im Alten Testament vorbereitet war" (Nr. 65/120), verstehen kann. Wie fern oder wie nah liegt dem Alten Testament die Christologie?

2. Christologischer Sinn im Alten Testament?

Bei der Beantwortung dieser Frage, die sprachwissenschaftlich nicht ganz einfach ist, sehe ich im Dokument einen Widerspruch. Auf dem Höhepunkt linguistischer Erkenntnis wird angemessen formuliert (wegen seiner Wichtigkeit sei die zentrale Stelle noch einmal zitiert): „[D]ie Christen können und müssen zugeben, dass die jüdische Lesung der Bibel eine mögliche Leseweise darstellt, die sich organisch aus der jüdischen Heiligen Schrift der Zeit des Zweiten Tempels ergibt, in Analogie zur christlichen Leseweise, die sich parallel entwickelte. Jede dieser beiden Leseweisen bleibt der jeweiligen Glaubenssicht treu, [...]" (Nr. 22/44) Ebenso heißt es direkt vorher, am Ende von Nr. 21: „Wenn der christliche Leser wahrnimmt, dass die innere Dynamik des Alten Testaments in Jesus gipfelt, handelt es sich hier um eine rückschauende Wahrnehmung, deren Ausgangspunkt nicht in den Texten als solchen liegt, sondern in den Ereignissen des Neuen Testaments." (Nr. 21/43) Der Abschnitt schließt allerdings mit dem Kompromiss-Satz: „Vielmehr gilt, dass der Christ im Lichte Christi und im Geiste in den Texten einen Sinnüberschuss entdeckt, der in ihnen verborgen lag." (Nr. 21/44) Ist also doch eine christologische Lesart in dem Text – wenn auch verborgen – vorgegeben? Hätten christliche Leser diese Texte gar nicht anders lesen können?

An dieser Stelle ist der Leser in seiner Rolle als Rezipient zu bedenken, da der Sinn von Texten grundsätzlich nicht vom Leser und seiner Perspektive losgelöst „an sich" erfasst werden kann. Dies hört sich nicht nur schwierig an, sondern ist auch schwierig, da der jeweilige Leser, ob jüdisch oder christlich, bei der Sinnkonstitution von vorgegebenen Texten maßgeblich beteiligt ist, ohne dass dies in einen reinen Subjektivismus abgleiten muss bzw. darf. Dagegen stehen die Leserlenkungen im jeweiligen Text. Dies ist kein Problem, das – so suggeriert die vorliegende Erklärung – alternativ auf Judentum und Christentum zu beziehen ist, sondern grundsätzlich die verschiedenen jüdischen und christlichen Gruppen in ihrer Vielfalt und Widersprüchlichkeit (s.u.), ja sogar jeden Leser von Texten betrifft. Hier hätte ich mir stärkere Differenzierungen und klarere Aussagen gewünscht, die für die Entstehung der christologischen Glaubensüberzeugungen und ihrer Versprachlichung maßgeblich waren.

Dass es eine objektive, subjektunabhängige Erfassung des Sinnes von Texten nicht gibt, Texte nur in ihrem deutenden, subjektabhängigen Charakter zu beschreiben sind, bestätigt die bei Bibelwissenschaftlern unumstrittene Erkenntnis, dass es von frühesten Zeiten der hebräischen heiligen Schriften Israels an eine ständige aktualisierende Neuinterpretation auf die eigenen Glaubensüberzeugungen hin gibt. Versuche, vorgegebene biblische Texte historisch-kritisch auszulegen, gibt es erst in der Neuzeit mit dem Erwachen des historischen Bewusstseins. Alle Theologen im Judentum, von den Propheten angefangen bis hin zu Johannes dem Täufer, Jesus von Nazaret und Paulus lesen die Bibel als lebendiges Wort Gottes – an die Gegenwart gerichtet. Es geht ihnen also nicht darum, „wie bei der Entwicklung eines Films [...] in der Schrift eine Sinnfülle" freizulegen, „die vorher nicht wahrzunehmen war" (Nr. 64/118). Wie der freie Umgang mit Zitaten aus den Schriften um die Zeitenwende etwa durch den Lehrer der Gerechtigkeit in Qumran oder durch den Apostel Paulus belegen kann (zur Begründung vgl. Frankemölle, Kommentar 2001, 233-270), geht es nicht um freilegen und auslegen, vielmehr um benutzen. Der Text wird so aktualisiert. Diese ständigen Aktualisierungen – z.T. auch gegen den vorliegenden Text – finden in den Überlieferungen der hebräischen heiligen Schriften genauso statt, dann aber auch in ihren griechischen Übersetzungen seit der Zeit Alexanders des Großen ab Ende des 4. Jh.s v.Chr. Hier ist vor allem die später sog. „Septuaginta" zu nennen. Wenn schon jede Übersetzung eine Interpretation ist, so erst recht die Übertragung der hebräischen heiligen Schriften ins Griechische. Ohne diese von den meisten damaligen Juden anerkannten heiligen Schriften Israels nicht nur in der Diaspora, sondern auch im Mutterland Palästina, und ohne die original geschriebenen heiligen Schriften in Griechisch wie das 2. Makkabäerbuch (das 1. Makkabäerbuch liegt zwar nur in Griechisch vor, ist aber eine Übersetzung), Tobit, Judit, Jesus Sirach (seit rund 100 Jahren wurden ca. zwei Drittel von der hebräischen Vorlage wiederentdeckt), Weisheit Salomos, Baruch, vor allem ohne die Schriften Philos von Alexandrien, des größten nichtchristlichen Theologen zur Zeit Jesu und des Paulus, wären die neutestamentlichen Christologien nicht zu denken.

Akzeptiert man dieses Prinzip der ständigen Aktualisierung, könnte man zwar nicht unter sachlichem, wohl aber unter hermeneutischem Aspekt der Wendung, dass neutestamentlicher Glaube „wenn auch nur von fern – im Alten Testament vorbereitet war" (Nr. 65/120), zustimmen. Allerdings kommt diese Perspektive der ständigen Aktualisierung in der Erklärung der Bibelkommission nicht in den Blick. Dies liegt an einer Grundsatzentscheidung.

3. Zum Titel: „Das jüdische Volk und seine Heilige Schrift"

Auch die Formulierung dieses Titels ist eine Frage der Perspektive und der Sprachregelung. Er setzt voraus, dass geklärt ist, wer „das jüdische Volk" ist, und dass „das jüdische Volk" in der Frage übereinstimmt, was „seine Heilige Schrift" ist. Dies ist idealtypisch gesprochen. Denn: Faktisch stritten Juden zur Zeit Jesu und streiten Juden bis heute über die beiden Begriffe. Im Text selbst meint „Heilige Schrift" die hebräisch geschriebenen Schriften der Juden, wobei der Singular „Schrift" ein Einverständnis über den genauen Umfang voraussetzt, was zur Zeit Jesu nur für die Tora / den Pentateuch und für die Propheten wie für einen Teil der Schriften (besonders Psalmen) für die meisten Gruppen im Judentum zutrifft. Erst als die pharisäisch-rabbinische Richtung sich gegen alle anderen durchgesetzt hatte, kristallisierte sich der Umfang der Sammlung heraus. Dabei gilt für alle Juden seit vorneutestamentlicher Zeit bis heute (vgl. die liturgische Bahnlesung im jüdischen Gottesdienst), dass die Tora als das eigentliche Fundament des jüdischen Glaubens die maßgebliche Autorität ist; „Propheten" und „Schriften" aktualisieren diese normative Vorgabe.

Ob man vom „jüdischen Kanon der heiligen Schrift" (Nr. 16/32) reden darf, ist bei jüdischen Theologen bis heute zumindest umstritten; die Frage wird in der Regel verneint, da der Begriff „Kanon" christlichen Ursprungs ist und das Judentum weder ein hierarchisches Lehramt noch Entscheidungen von Synoden, wie die von 1672 für die orthodoxen Kirchen, oder von Konzilien, wie die von 1546 für die römisch-katholische Kirche, kennt. Im Hinblick auf die Entwicklung der Christologie im frühen Christentum ist die Frage der Offenheit der Sammlung der heiligen Schriften Israels keine nebensächliche, sondern zentral.

Zum Titel der Erklärung ist abschließend auch auf den Begriff „christliche Bibel" hinzuweisen. Auch er suggeriert mehr, als er faktisch halten kann. Gemeint ist die römisch-katholische Bibel, wie sie in ihrem Umfang vom Konzil von Trient 1546 festgelegt wurde. Faktisch gibt es daneben einen Kanon der östlichen Kirchen und einen sehr viel engeren der reformatorischen, wobei letzterer nicht in der Abfolge der Bücher, wohl aber in der Anzahl mit der Sammlung der hebräischen heiligen Schriften Israels übereinstimmt. Theologiegeschichtlich ist festzuhalten, dass das Alte Testament der christlichen Kirchen bis ins 16. Jh. hinein nicht die hebräischen heiligen Schriften waren, sondern die griechischen heiligen Schriften Israels oder auch die Vetus Latina. Dies ist eine Sammelbezeichnung für verschiedene lateinische Bibelübersetzungen, die vor oder neben der Vulgata existierten. Die Vulgata (die „Allgemeine") wiederum war von Hieronymus ab 390 n.Chr. in päpstlichem Auftrag angefertigt worden – und zwar auf der Basis des hebräischen Urtextes. Sie setzte sich ab dem 7. Jh. endgültig durch (daher der Name) und wurde vom Konzil von Trient (1546) für authentisch erklärt.

Man sieht: Die in der Erklärung benutzten Begriffe sind sprachgeschichtlich und theologisch voller Probleme, die im Hinblick auf eine christologische Lesart der hebräisch und griechisch vorgegebenen heiligen Schriften Israels von eminenter Bedeutung sind. Hinzu kommt: Weder lassen sich in den hebräischen heiligen Schriften der Juden die verschiedenen theologischen Konzeptionen zu einer einheitlich systematischen Theologie verbinden (ein Blick in die Psalmen bestätigt diese These, aber auch die unterschiedlichen Konzeptionen etwa der priesterschriftlichen und deuteronomisch-deuteronomistischen Bundes-Konzeptionen, die einander ausschließen), weder gibt es die Einheit der heiligen Schrift und eine monolithische „biblische" Theologie (zur Begründung vgl. Frankemölle, „Biblische" Theologie 2002), noch lassen sich die hebräischen und griechischen heiligen Schriften Israels inhaltlich wie in einem Traktat systematisieren. Theologische Glaubensüberzeugungen leben aus konkreten, sehr unterschiedlichen Erfahrungen von Menschen, selbstverständlich im Kontext bereits gemachter und sprachlich fixierter Erfahrungen vergangener Glaubensgemeinschaften. Welche werden als maßgeblich angesehen und von wem?

In der Beantwortung dieser Frage liegt das zentrale Problem zwischen Judentum und Christentum.

4. Veritas Hebraica

Während der Präsident der Päpstlichen Bibelkommission, Joseph Kardinal Ratzinger, im Vorwort auf die Auslegung des Alten Testaments durch die alexandrinischen Exegeten und auf Philo von Alexandrien als ihrem führenden Kopf sowie auf die damit verbundene allegorische Auslegung der Bibel sowie auf deren Einfluss auf Origenes, Ambrosius und Augustinus als wichtiges Deutungsmodell hinweist, bleibt ein anderes hermeneutisches Deutungsmodell, das des Hieronymus, von ihm unerwähnt, das jedoch für die gesamte Erklärung grund-legend ist. Gegen den Widerstand des Augustinus fertigte Hieronymus ab 390 n.Chr. im Auftrag des Papstes Damasus die Vulgata (d.h. die „allgemeine" Übersetzung) an und legte dabei nicht die Septuaginta, die bisherige für die Kirche normative Sammlung, zugrunde, sondern den hebräischen Urtext. In dieser Frage stehen nicht nur Ost-Rom und West-Rom einander gegenüber, sondern auch die jüdische Theologie und ihre hebräischen heiligen Schriften in ihrer normativen Funktion (Hieronymus) und der kirchliche Konsens, der sich durch die apostolische Sukzession legitimiert (Augustinus). Dieser Streit (zur Begründung vgl. Dohmen, Hermeneutik 1996, 153 mit weiterführender Literatur) ist keineswegs auf zwei gewiss große Theologen beschränkt, sondern bricht in der Entscheidung der Reformatoren, besonders Luthers, im 16. Jh. für die hebräische Bibel und somit für die veritas hebraica erneut auf und dauert an, da alle christlichen Alttestamentler die hebräische Bibel auslegen und die vorliegenden deutschen Übersetzungen nicht anders verfahren. Nur hier und da findet der Leser am Rand ein G = griechische Bibel. Diese aber wird von allen neutestamentlichen Theologen, auch bei wörtlichen Zitaten, vorausgesetzt (was in den christlichen Bibelausgaben – zum Nachteil für ein angemessenes Verständnis – dem Leser nicht gesagt wird. Eine genauere Erläuterung wäre in den Einführungen zum AT und NT unbedingt erforderlich.).

Durch diese Entscheidung wird das Gespräch zwischen Juden und Christen über die heiligen Schriften Israels nicht einfacher, da die Denkmodelle der neutestamentlichen Theologen zur „hohen" Christologie (Präexistenzchristologie) aus dem hellenistischen Judentum, nicht jedoch aus dem hebräischen und aramäischen Judentum, in dem Jesus verwurzelt war, stammen.

In diesem Lebens- und Glaubenskontext wurden Jesus und sein besonderer Anspruch gedeutet im Modell der Berufung und Sendung eines Propheten, als Weisheitslehrer, Wundertäter, Tora-Ausleger, vom Gesandten-Modell und vom Modell des gewaltsamen Geschicks der Propheten und ihrer Erhöhung usw. So wertvoll diese Deutungen sind, auf dieser Basis hätte nie ein Prozess eingesetzt, der in die christologischen und trinitarischen Erklärungen (vgl. das Stichwort vom „dreifachen Symbolismus" in Nr. 65/120) der großen Konzilien mündete. Deren Wurzeln liegen im hellenistischen Judentum, das nach der großen Katastrophe im Jahre 70 n.Chr. vom pharisäischen Judentum theologisch nicht akzeptiert wurde. Dennoch lautet ein vielzitiertes Wort des Hieronymus: „Die Schrift nicht kennen heißt Christus nicht kennen." (Comm. in Js., Prol, zit. nach DV Nr. 25), zitiert in vielen wissenschaftlichen Büchern zum Verhältnis von AT und NT, aber auch in offiziellen Erklärungen der römisch-katholischen Kirche wie etwa der Offenbarungskonstitution des II. Vatikanischen Konzils (DV Nr. 25 mit weiteren Belegen).

Beachtet man mehr, als es das vorliegende Dokument tut, die hellenistisch-jüdischen Wurzeln der christlichen Theologie, denen zufolge alle neutestamentlichen Schriften nicht nur die heiligen Schriften Israels als glaubensgeschichtlichen Kontext voraussetzen, sondern auch von deren theologischen Konzeptionen konstituiert wurden, gilt auch bereits im Hinblick auf die hebräischen heiligen Schriften Israels: Ohne sie „wäre das Neue Testament ein Buch, das nicht entschlüsselt werden kann, wie eine Pflanze ohne Wurzeln, die zum Austrocknen verurteilt ist." (Nr. 84/161). Um im Bilde zu bleiben, wäre dies jedoch eine Pflanze ohne Blätter und Blüten. Sie erhalten ihren Saft erst vom hellenistischen Judentum. Insofern war in der Tat (wenn die Verfasser des Dokumentes auch nicht andeuten, dass der Text so verstanden werden soll) die Christologie „wenn auch nur von fern – im Alten Testament vorbereitet" (Nr. 65/120), Altes Testament verstanden als die hebräischen heiligen Schriften Israels. Wenn in dieser Nr. 65 – für den Leser völlig unvorbereitet – vom „dreifachen Symbolismus" gesprochen wird (Vater – Sohn – Geist), also vom dreifaltig-einen/einzigen Gott, so dürften jüdische Theologen dem kaum zustimmen und christliche Leser diesen Hinweis kaum verstehen können. Die in der Anmerkung zur Begründung angegebenen biblischen Stellen (Ps 33,6: Erschaffung der Himmel durch das Wort des Herrn, Erschaffung der Engel durch den Hauch seines Mundes; Spr 8,22-31 und Sir 24,1-23: die Bedeutung der vor aller Schöpfung erschaffenen Weisheit) bilden sicherlich einen Ausgangspunkt theologischer Reflexionen, wobei jedoch die Identifikation des Sohnes mit dem „Wort" (gemäß Joh 1,14) und vom „Hauch seines Mundes" (Ps 33,6) mit dem „Heiligen Geist, den der auferstandene Jesus vom Vater her sendet" (Apg 2,33) wie in einem Salto mortale kaum in vier Sätzen als verständlich dargestellt, geschweige denn als gelöst gelten darf. Diese Schlussfolgerungen sind zu kurzschlüssig. Und doch deuten sie die richtige Richtung an, die mit Hinweisen in Nr. 3 und Nr. 17 auf die Bedeutung der in der späteren Septuaginta gesammelten jüdischen Schriften für den aufmerksamen Leser angedeutet ist.

5. Entwicklungsprozesse

Da die Verfasser der neutestamentlichen Schriften ohne Ausnahme die heiligen Schriften Israels in Griechisch lasen (sie lasen nicht das „Alte Testament", wie durchgehend formuliert wird), sind die dort aus dem Hellenismus rezipierten Vorstellungen nicht nur für die Griechisch sprechenden Juden in der Diaspora und im Mutterland maßgeblich geworden, sondern auch für die Christen. Der immer wieder behauptete Hellenisierungs-Prozess des Christentums fand nicht erst zur Zeit der großen Konzilien (4.-8. Jh.) statt, sondern ist ein Erbe des hellenistischen Judentums im Christentum von Anfang an bzw. genauer: in seiner Griechisch sprechenden Variante, die sich immer stärker vom Hebräisch-Aramäischen, u.a. auch von dem von Jesus herkommenden Strom der Überlieferung emanzipierte. Dieses ist ein komplizierter Prozess, der hier nicht nachzuzeichnen ist.

Wichtiger erscheint mir, auf einige Veränderungen im Netz der jüdischen Theologie hinzuweisen, durch deren Übernahme das Griechisch sprechende Judenchristentum sich vom Aramäisch sprechenden pharisäischen Judentum unterschied, was letztlich zur Trennung beider Richtungen im Judentum führte. Als Aspekte zu nennen sind, ohne dass sie ausgeführt werden können:

1. In der Anthropologie die neue hellenistische Vorstellung von der Unsterblichkeit der Seele (vgl. Gen 2,7; Koh 3,21 mit Weish 3,1 und 1 Kor 15,35-55).
2. Der Glaube an die Auferweckung: Aufgrund der Ganzheit des Menschen, bestehend aus Körper und Seele (Gen 2,7), wird in den hebräischen heiligen Schriften die Hoffnung als (Wieder-)Belebung der Toten (vgl. Jes 26,19; Dan 12,2) artikuliert, die Hoffnung auf eine präsentische Auferweckung des Einzelnen im Tode dagegen in der hellenistisch-jüdischen Literatur und zwar fast ohne Ausnahme.
3. Der Glaube an die Schöpfung: die Deutung der Schöpfung aus dem Tohuwabohu, aus dem Chaos (Gen 1,1; Weish 11,17); der Glaube an die Schöpfung aus dem Nichts (Gen 1,1 LXX; Gen 1,1 Aquila; 2 Makk 7,28 LXX und Vulgata; Röm 4,17).
4. Der stellvertretende Tod: Auch hier lässt sich eine deutliche Entwicklung feststellen von der kultischen, apersonalen Vorstellung vom Sündenbock in Lev 16,21f zu den personalen Kategorien vom leidenden Gottesknecht in Jes 53 bis hin zur Deutung des stellvertretenden Todes der Märtyrer im hellenistischen Judentum in 2 Makk 6,27; 7,9.37f; 8,21 (vgl. auch 4 Makk 1,11; 6,27ff; 17,21f). Kein Zweifel, dass nicht nur Paulus die verschiedenen Vorstellungen (auch aus dem Kult) bei der Deutung des Todes Jesu miteinander verbindet.
5. Das Gottesbild (als wichtigste Voraussetzung des neutestamentlichen Glaubens der Offenbarung Gottes in Jesus Christus): Bereits in den hebräischen heiligen Schriften findet sich eine lange glaubensgeschichtliche Entwicklung vom Polytheismus zur Monolatrie und zum Monotheismus; letzterer zeigt sich in der aus der Exils- und Nachexilszeit stammenden Literatur (vgl. bes. Jes 40-55). Im hellenistischen Judentum kommt es durch die Rezeption platonischer philosophischer Vorstellungen zu einer inneren Differenzierung des monotheistischen Gottes, ohne dass die Einzigkeit Gottes aufgehoben wird. Als Begriffe wurden Hypostasen oder middot (Wirkweisen) Gottes eingeführt wie z.B. Geist, Wort (memra), Wohnen (schekhina) Gottes, Angesicht Jahwes, Weisheit. Zunächst wurden sie als Anthropomorphismen und Personifikationen verstanden, die aber eine immer stärkere Tendenz zur Selbstständigkeit gewannen. Es ist nachvollziehbar, dass Juden bis heute mit der Erfahrung der Wirksamkeit Gottes im „Geist" keine Probleme haben, wohl jedoch unaufhebbar mit der Einbeziehung Jesu Christi in die Wirklichkeit Gottes.
6. Die Hinneigung Gottes zu den und das Wirken Gottes durch Menschen: Durch die Einhauchung seines Pneumas/Geistes (Gen 2,7) oder durch die Erschaffung auf Jahwes Wort hin ist jeder Mensch „Abbild" Gottes (Gen 1,26f). Der Mensch ist elohimartig/göttlich (Ps 8,6). Dies gilt auch für Christen (2 Kor 3,18; Kol 3,10), selbstverständlich und in besonderer Weise auch für Jesus Christus (vgl. 2 Kor 4,4; Hebr 1,3; Kol 1,15). Unter den

Menschen ragt nach biblischer Anthropologie der König in seiner Funktion als Statthalter auf dem Königsthron Jahwes hervor (vgl. Ps 45,7; 2 Sam 7,12f.16). Grund-legend für die neutestamentliche Christologie ist das jüdische Prophetenverständnis (vgl. Jes 11,2; 42,1; 52,7; 61,1f; zur Rezeption dieser Vorstellungen im Neuen Testament vgl. Lk 4,16ff; Mt 11,2ff u.a.). In keiner Vorstellung sonst im jüdischen Glauben hat die Hinneigung / Deszendenz Gottes zu einem Menschen eine größere und dichtere anthropologische Struktur erhalten als im Prophetenverständnis. Was ein Prophet ist und wie Gott durch ihn handelt, darüber wäre auch von jüdischer Seite selbst in hellenistischen Kategorien intensiver nachzudenken. Aus meiner Perspektive bleibt aber ein gradueller Unterschied: Gemäß den biblischen Vorgaben handelt Gott punktuell und situativ durch und in Propheten, während nach urchristlichem Glaubensverständnis eine Wirkweise / Hypostase Gottes, nämlich der Logos / das Wort Gottes (vgl. Joh 1,1-14) oder auch die Weisheit (vgl. Lk 7,35; 11,49; 13,34-35; Mt 11,28-30; 1 Kor 1,23f) in Jesus von Nazaret auf Dauer „Fleisch" (Joh 1,14) geworden ist, inkarniert wurde. Der Evangelist Matthäus kann meiner Meinung nach aber eben diese Glaubensüberzeugung auch in hebräisch vorgegebenen Kategorien wie „Je/Ja/Jahwe ist Retter" im Namen „Jesus" (Mt 1,21) oder mit „El ist mit uns" im Namen „Immanuel" (Mt 1,23) nicht weniger trefflich deuten.

So sehr „von fern" (Nr. 65/120) in den hebräischen heiligen Schriften Israels im Glauben an das wirkmächtige Handeln Jahwes in der Geschichte, im Einzelleben, in der Schöpfung, in der Erwählung Israels als Eigentumsvolk, was den universalistischen Gedanken von Jahwe als Gott für alle keineswegs ausschließt, das grund-legende Fundament der Kontinuität zwischen jüdischem und christlichem Glauben gegeben ist, so bildet das hellenistische Judentum jedoch eigentlich erst die Brücke, die ein Gespräch in Kategorien ermöglicht, die jahrhundertelang (vom Ende des 4. Jh. v.Chr. bis zum Ende des 1. Jh. n.Chr.) maßgeblich auch jüdische Theologie geprägt haben. Ohne diese Brücke erscheint mir das Gespräch ein Rufen über den Fluss, ein Austausch von Glaubensüberzeugungen zu sein, wobei aufgrund unterschiedlicher sprachlicher und philosophischer Kategorien der Eine den Anderen nicht verstehen kann. Selbstverständlich gehe auch ich nicht davon aus, dass die faktisch verlaufene Glaubensgeschichte zurückgedreht werden kann und dass jüdische Theologen in der Weise hellenistisch-griechische Denkmodelle übernehmen, dass sie auf dem christlichen Ufer ankommen, wie ich auch nicht voraussetze, dass christliche Theologen die hebräisch-aramäischen Glaubensüberzeugungen von jüdischen Theologen übernehmen und sich somit auf dem jüdischen Ufer befinden. (Christliche Alttestamentler mögen diesen intellektuellen Spagat vollziehen können, die Vatikanische Erklärung vermag es nicht, wie bei allen differenzierten Formulierungen eine Wendung wie in Nr. 11 bestätigt: „Er [Jesus von Nazaret] ist es, von dem die Schrift des jüdischen Volkes letztlich spricht, welchen Umfang dieser Schrift man auch immer voraussetzt, und in seinem Licht muss diese Schrift gelesen werden [...]". (Nr. 11/27f)

Im Laufe der Jahrhunderte gewachsene Glaubenserfahrungen und -überzeugungen sind etwas anderes als religionswissenschaftliche Voraussetzungen. Die ersteren sollten aber von den letzteren nicht unabhängig bleiben. Weder „das jüdische Volk" noch „seine Heilige Schrift", aber auch die „christliche Bibel" sind nicht abstrakte Begriffe, sondern implizieren unterschiedliche, nicht kompatible Gemeinschaften. Dennoch gilt mit dem bekannten jüdischen Religionswissenschaftler David Flusser hinsichtlich des Problems, wie Theo-logie als „Rede von Gott" und Christo-logie als „Rede von Christus" von frühjüdischen Voraussetzungen her in Zusammenhang gebracht und geglaubt werden können: „Jesu Lehre war jüdisch" (wie vielfach auch von christlicher Seite, selbst von höchsten offiziellen Erklärungen des Vatikans festgestellt wird), „und das gleiche gilt für die Christologie und alle ihre Bestandteile. Die Christologie entwickelte sich einerseits aus Jesu starkem Selbstbewußtsein und aus dem, was mit Jesus geschah oder was als Geschehen angenommen wurde, und andererseits aus den verschiedenen Leitgedanken der jüdischen Religion, die man mit Jesus in Verbindung brachte. Jesu persönliche Erfahrung der göttlichen Sohnschaft wurde mit dem jüdischen Konzept der Prä-Existenz des Messias verknüpft, und dies ebnete den Weg für den Gedanken, daß Christus gleichzeitig göttlichen Wesens (eine Hypostase Gottes) ist, daß ‚der Sohn der Abglanz der Herrlichkeit Gottes und das Ebenbild des göttlichen Wesens ist und alle Dinge durch sein kräftiges Wort trägt' und daß Gott durch ihn die Welt geschaffen hat (Hebr 1,2-3). Die jüdische Auffassung, daß der Tod der Märtyrer Sünden tilgt, wurde natürlich auf die Kreuzigung Jesu übertragen. Selbst die Erfahrung seiner Auferstehung ist jüdisch ebenso wie das Konzept von seiner Himmelfahrt. Und Jesus selbst hat über das Kommen des Menschensohnes gesprochen; diese Redewendung ist der höchste Begriff vom Messias im Judentum. Selbst wenn im übrigen Neuen Testament die Bezeichnung ‚Menschensohn' keine größere Rolle spielte, so war doch der Begriff selbst fruchtbar, und so glaubte man, dass am Ende Christus auf Gottes Thron als göttlicher Richter sitzen werde. Dieses ganze meta-historische Drama entstand aus jüdischen Elementen. [...] Die gesamte Christologie ist ein erhabener Ausdruck der Tendenz im Judentum zur Zeit des zweiten Gemeinwesens (des zweiten Tempels), das Judentum zu re-mythologisieren. Die Christologie zeigt die äußersten Möglichkeiten dieser Re-Mythologisierung." (Flusser, Schisma 1980, 216f.)

Nüchtern und kritisch stellt Flusser dazu aber auch fest, dass „die Christologie der Ausdruck nur *einer* Tendenz im alten Judentum ist, nämlich der äußersten Re-Mythologisierung in einer bestimmten Richtung, und diese wurde auch in abgemilderter Form nicht von allen Juden akzeptiert." (Flusser, Schisma 1980, 217.)

Diese Hinweise eines jüdischen Religionswissenschaftlers können noch einmal verdeutlichen, welche strukturellen Unterschiede zwischen den hebräischen und griechischen heiligen Schriften der Juden und den griechischen heiligen Schriften der Christen (nach Ablehnung der griechischen Schriften durch das pharisäisch-rabbinische Judentum nach der nationalen Katastrophe im Jahre 70 n.Chr.) liegen. Die jüdischen heiligen Schriften bleiben zunächst in ihrer griechischen Version heilige Schriften der Christen, bevor Hieronymus und vor allem Luther die veritas hebraica neu entdeckten – mit der Folge, dass Christen und Juden hinsichtlich des ersten Teils der christlichen Bibel eine gemeinsame Textgrundlage bekamen (diese aber unterschiedlich lasen). Für das Gespräch zwischen Juden und Christen kann diese Entscheidung kaum hoch genug veranschlagt werden.

Dieser Weg ist in zwei Richtungen im Interesse eines vertiefenden Gesprächs weiterzugehen: Zum einen bleibt der Wunsch, dass jüdische Theologen ihre heiligen Schriften aus der entstehungsgeschichtlichen Perspektive auch stärker historisch-kritisch verstehen und das jahrhundertelange hellenistische Judentum nicht als quasi „Betriebsunfall" der eigenen Geschichte kleinreden. Zum anderen haben christliche Theologen über alle historisch-kritischen Erkenntnisse zur Entstehung der Texte und ihrem „Sitz im Leben" ihre zweigeteilte-eine Bibel – zusammen mit den Juden – als lebendiges Wort Gottes an die eigene Zeit und an sich selbst zu interpretieren (was das Vorwort von Kardinal Ratzinger zu Recht einfordert). Sowohl auf der jüdischen wie auf der christlichen Seite gibt es noch viel zu tun. So wichtig andere Fragen sein mögen, das zentrale theologische Problem bleibt der unbestreitbare neutestamentliche Glaube an den einen einzigen Gott – mit der christlichen Behauptung, dass dieser eine Gott sich in einzigartiger Weise in Jesus Christus geoffenbart hat. Auf der Basis der hebräischen heiligen Schriften Israels bleibt eine solche Behauptung strukturell unmöglich, auf der Basis der griechischen heiligen Schriften im ersten Teil der christlichen Bibel, dem christlich so genannten Alten Testament, und auf der Basis frühjüdischer, hellenistischer Schriften (zu nennen ist hier vor allem das Werk Philos von Alexandrien) ist eine solche Christologisierung des jüdischen Gottesglaubens zumindest denkerisch möglich, ohne dass Juden nach Ostern dem zustimmen mussten und heute auch nicht können, ohne Christen zu werden.

Bei allem bleibt der theologische, streng theozentrische Eigenwert des ersten Teils der christlichen Bibel in seiner normativen Vor-Gabe, in seiner Prae-Position auch für Christen maßgeblich. Dabei ist nicht ein verborgener und geheimer christologischer Sinn, ein „Sinnüberschuss" (Nr. 21/44 u.ö.) zu postulieren, sondern nüchtern festzustellen, dass – wie alle Texte – auch biblische Texte sehr unterschiedlich gelesen werden können – mit der

Folge, „dass die jüdische Lesung der Bibel eine mögliche Leseweise darstellt, die sich organisch aus der jüdischen Heiligen Schrift der Zeit des Zweiten Tempels ergibt, in Analogie zur christlichen Leseweise, die sich parallel entwickelte." (Nr. 22/44) Der Grund dafür lautet: „Jede dieser beiden Leseweisen bleibt der jeweiligen Glaubenssicht treu, deren Frucht und Ausdruck sie ist. So ist die eine nicht auf die andere rückführbar." (ebd.) Abgesehen davon, dass es außerdem innerhalb dieser beiden Leseweisen eine große Vielfalt gibt (mit entsprechenden Folgen für die soziologische Gestalt der Kirchen, für Konzepte der Ethik u.a.), ist diese grundlegende These entscheidend. Nur wenn man sie akzeptiert, lassen sich die positiven Aussagen über das „jüdische Volk" und seine „Heilige Schrift" (genommen als undifferenzierte Einheit) in der Rezeption des Neuen Testaments akzeptieren und nur dann verbietet sich jegliche Judenmission, da das Wort des Paulus für Israel gilt: „Unwiderruflich sind Gnade und Berufung, die Gott gewährt" (Röm 11,29; vgl. Nr. 36.41.55).

Zugrunde liegende und weiterführende Literatur

DOHMEN, Christoph / STEMBERGER, Günter, Hermeneutik der Jüdischen Bibel und des Alten Testaments, Stuttgart 1996.

FLUSSER, David, Das Schisma zwischen Judentum und Christentum, in: EvTh 40 (1980) 214-239.

FRANKEMÖLLE, Hubert, „Biblische" Theologie. Semantisch-historische Anmerkungen und Thesen, in: ThGl 92 (2002) 157-176.

DERS., Das Neue Testament als Kommentar? in: HOSSFELD, Frank-Lothar (Hg.), Wieviel Systematik erlaubt die Schrift? Auf der Suche nach einer gesamtbiblischen Theologie (= QD 185), Freiburg/Basel/Wien 2001, 200-278.

DERS., Jüdische Wurzeln christlicher Theologie. Studien zum biblischen Kontext neutestamentlicher Texte (= BBB 116), Bodenheim 1998.

FRYMER-KENSKY, Tikva, u.a. (ed.), Christianity in Jewish Terms, Colorado 2000.

LAUFEN, Rudolf (Hg.), Gottes ewiger Sohn. Die Präexistenz Christi, Paderborn 1997.

PETUCHOWSKI, Jakob J. / THOMA, Clemens, Lexikon der jüdisch-christlichen Begegnung, Freiburg/Basel/Wien 1989.

WYSCHOGROD, Michael, Inkarnation aus jüdischer Sicht, in: EvTh 55 (1995) 13-28.

V.
Hans Hermann Henrix
„Die jüdische Messiashoffnung ist nicht vergeblich".
Ein theologischer Vermerk von Gewicht

Das Dokument „Das jüdische Volk und seine Heilige Schrift in der christlichen Bibel" der Päpstlichen Bibelkommission vom 24. Mai 2001 macht es seinen Leser/innen nicht leicht. Es bietet mit seinen vier Teilen und 87 durchnummerierten Abschnitten schwer lesbare Kost. Eine Fülle von Bibelstellen wird zitiert und notiert, sowohl im fortlaufenden Text als auch in den zahlreichen Fußnoten. Diese enthalten zwar gemäß dem Brauch offizieller Verlautbarungen keinen Hinweis auf die gegenwärtige theologische bzw. bibelwissenschaftliche Diskussion oder Fachliteratur. Und doch bewegt sich das Dokument mit seiner Linienführung insgesamt auf der Höhe aktueller Fachdiskussion. Freilich benötigt man einen kräftigen und langen Atem, um in der aufmerksamen Lektüre durchzuhalten, die Hauptlinien der Argumentation zu verfolgen und etwa innere Spannungen im Dokument wahrzunehmen.

1. „Die jüdische Messiashoffnung ist nicht vergeblich"

Es gibt Aussagen und Passagen, die aufhorchen lassen oder gar aufregend sind. Das mag vielleicht weniger für den – eher formalen – Gesichtspunkt gelten, dass das Dokument hermeneutische, d.h. das Schriftverständnis leitende Positionen entwickelt, die selbst in der wissenschaftlichen Diskussion nicht überall akzeptiert sind. Eher schon aufmerken lässt die – materiale – Grundthese, dass das Alte Testament im Christentum unverzichtbar ist. Noch deutlicher wird die Aufmerksamkeit bei der Anerkennung, es gibt eine jüdische und christliche Auslegungstradition und Leseweise des Alten Testamentes, die sich ihr Recht nicht gegenseitig streitig machen dürfen. Dieses Grundverständnis ist der nähere Zusammenhang einer Aussage des Dokumentes, die zu den aufregendsten lehramtlichen Äußerungen der letzten Jahre gehört: „Die jüdische Messiaserwartung ist nicht gegenstandslos" (Nr. 21/43). Damit ist in der deutschen Fassung eine fast zu vorsichtige Übersetzungsvariante gewählt. Im französischen Originaltext heißt es: „L'attente juive messianique n'est pas vaine"; diese Formulierung weist die Aussage von „vergeblich, eitel, nichtig, grundlos" als Kennzeichen jüdischer Messiashoffnung zurück, was im Umkehrschluss wohl doch eine positivere Pointierung ergibt als das „gegenstandslos" der deutschen Übersetzung. Ganz ähnlich lautet die englische Übersetzung: „Jewish messianic expectation is not in vain"; auch hier soll von der jüdischen Messiashoffnung eine Kennzeichnung als erfolglos oder vergeblich ferngehalten werden. Nein, die jüdische Messiashoffnung ist mehr als „nur" „nicht gegenstandslos"; sie hat nicht nur ihren Gegenstand, sondern sie hat ihren Grund, ihren Sinn, ihre Berechtigung, ihre Nichtvergeblichkeit. In negativer Formulierung wird also der jüdischen Messiashoffnung von offizieller kirchlicher Seite eine höchst positive Qualität zugesprochen. Das ist theologiegeschichtlich außerordentlich. Wir stehen hier vor einem theologischen Vermerk mit Gewicht. Diese Einschätzung sei im Folgenden zunächst textimmanent, nämlich von den Aussagen des Dokumentes selbst her erläutert, dann mit wenigen geschichtlichen Strichen untermalt und auf die theologische Debatte im christlich-jüdischen Gespräch bezogen. Schließlich sei bedacht, was die Aussage des Dokumentes der systematischen Theologie zu denken aufgibt.

2. Die Aussage im Zusammenhang des Dokumentes

Die Aussage fällt innerhalb des Dokumententeils „Grundthemen der Schrift des jüdischen Volkes und ihre Aufnahme im Glauben an Christus" (Nr. 19-65/37-121). In diesem umfangreichsten Teil des Dokumentes geht es vor allem um das christliche Verständnis der Beziehungen zwischen Altem und Neuem Testament. Ausgangspunkt für dieses Verständnis ist, dass das Alte Testament „aus sich heraus einen ungeheuren Wert als Wort Gottes" besitzt (Nr. 21/43). Der Nachdruck der Aussage könnte fragen lassen, was die Formulierung „jüdische Messiashoffnung" meint. Meint sie die alttestamentliche Messiashoffnung? Für diese gilt gewiss, was das Dokument grundsätzlich sagt: „Wenn die christliche Kirche die Schrift des jüdischen Volkes ‚Altes Testament' nennt, dann hat sie damit in keiner Weise zum Ausdruck bringen wollen, dass diese Schrift veraltet sei und man sich ihrer deswegen entledigen könne." (Nr. 19/37) Die Messiashoffnung des Alten Testaments besitzt aus sich heraus einen ungeheuren Wert und ist also nicht veraltet und erledigt.

So sehr die Aussage „jüdische Messiashoffnung" als inneres Moment die alttestamentliche Messiashoffnung in sich hat und sie als bleibenden Bezugsrahmen meint, zielt sie in unserem Dokument doch auf die nachbiblische Messiashoffnung des jüdischen Volkes. Denn der Text fährt unmittelbar nach unserem Themensatz „Die jüdische Messiashoffnung ist nicht vergeblich" fort: „Sie kann für uns Christen ein starker Ansporn sein, die eschatologische Dimension unseres Glaubens lebendig zu erhalten. Wir wie sie leben von der Erwartung." (Nr. 21/43) Im Wort „Wir wie sie" ist die Zeitgenossenschaft der beiden Subjekte ausgesagt. Die „eigentliche und zentrale" Dimension des Dialogs ist ja – wie Papst Johannes Paul II. bei seiner Begegnung mit dem Zentralrat der Juden in Deutschland vom 17. November 1980 in Mainz betonte – „die Begegnung zwischen den heutigen christlichen Kirchen und dem heutigen Volk des mit Mose geschlossenen Bundes" (vgl. KuJ I, 76). Im Sinne der vielfach bekräftigten Intention von Johannes Paul II., dem der Austausch zwischen jüdischen und christlichen Männern und Frauen auf der heutigen „Ebene ihrer (der christlichen und jüdischen) je eigenen religiösen Identität" (so KuJ I, 64, 71, 72, 73 u.ö. und KuJ II, 30, 38, 55, 57 u.ö.) so sehr am Herzen liegt, ist hier im Kommissionsdokument die nachbiblische, aktuelle, gegenwärtige und zeitgenössische Erwartung von Juden und Christen bedacht.

In dieser Zuschärfung kommt ein Grundentscheid des Dokumentes zum Tragen: es reflektiert die heilige Schrift des jüdischen Volkes (das „Alte Testament") und die christliche Bibel (als Einheit von Altem und Neuem Testament) nicht nur in ihrem historischen Verhältnis zueinander – als literarische Textgrößen, die nach Abschluss der Kanonbildung normativ geworden sind (eines Prozesses, den das Dokument kurz zuvor wie im Stenogramm und zugleich höchst präzis skizziert hat: Nr. 16-18/32-36). Die biblischen Texte sind literarische Texte, die von Einzelnen und ihren Gemeinschaften gelesen werden. Diese lesen denselben Text, entdecken aber in ihrer „Rück-sicht" Akzente und Aspekte, welche die anderen so nicht gelesen und verstanden hatten. Zwischen Text und Lesegemeinschaft ist ein engeres Verhältnis, als man früher wahrgenommen hat, und es entsteht eine Dimension von Sinn, der anderwärts nicht gegenwärtig war. Deshalb geht es dem Dokument auch um das Gegenüber der nachbiblischen jüdischen und christlichen Deutungen, Auslegungen bzw. „Leseweisen" der Bibel – hier die jüdische Auslegung der jüdischen Bibel aus Tora, Propheten und Schriften, dort die christliche der christlichen Bibel aus Altem und Neuem Testament. Im nachfolgenden Paragraphen heißt es nämlich: „... die Christen können und müssen zugeben, dass die jüdische Lesung der Bibel eine mögliche Leseweise darstellt, die sich organisch aus der jüdischen Heiligen Schrift der Zeit des Zweiten Tempels ergibt, in Analogie zur christlichen Leseweise, die sich parallel entwickelte. Jede dieser beiden Leseweisen bleibt der jeweiligen Glaubenssicht treu, deren Frucht und Ausdruck sie ist. So ist die eine nicht auf die andere rückführbar." (Nr. 22/44)

Die jüdische Messiashoffnung, der unser Dokument die Qualität der Nichtvergeblichkeit zuspricht, gehört zu dieser parallel zur christlichen Auslegungsgeschichte sich entwickelnden jüdischen Leseweise. Die jüdische Leseweise oder Kommentartradition ist nicht Abirrung oder Verfälschung eines ursprünglichen Sinns, sondern eine sich organisch aus der Bibel Israels ergebende Möglichkeit. Möglichkeit besagt Plausibilität, Angemessenheit und Legitimität. Und doch wird von der jüdischen Leseweise noch mehr gesagt: sie ist treue Glaubenssicht, nicht einfach freihändige oder beliebige Kommentierung biblischer Grundlage, sondern Frucht und Ausdruck von Glauben, der auf die biblische Offenbarung positiv antwortet. All dies gilt von der jüdischen Messiashoffnung, wie sie in rabbinischen Schriften, nachfolgenden Kommentaren und Überlieferungen anzutreffen ist.

Diese positive Kennzeichnung jüdischer Messiashoffnung aus christlicher Sicht ist nicht harmlos. Sie hat nämlich deutlich und klar vor Augen, dass das jüdische Volk mit seiner Messiashoffnung ein Nein zum Messias Jesus von Nazaret sagt. In derselben Nr. 22 gibt das Dokument nämlich auf die selbst gestellte Frage, ob die Christen nach der Schoa die jüdische Bibel „wie die Juden lesen" müssen, eine negative Antwort und begründet seine negative Antwort schlüssig: „Denn eine rein jüdische Lesung der Bibel führt notwendigerweise mit sich, alle ihre Voraussetzungen zu übernehmen, d.h. die vollständige Übernahme dessen, was das Judentum ausmacht, vor allem die Geltung der rabbinischen Schriften und Überlieferungen, die den Glauben an Jesus als Messias und Gottessohn ausschließen." (Nr. 22/44) Von dieser Aussage her wird der hier näher zu bedenkende Satz „Die jüdische Messiashoffnung ist nicht vergeblich" auf seiner Rückseite freigelegt: die christlicherseits so positiv gekennzeichnete jüdische Messiashoffnung sagt zum Glauben an Jesus als Messias Nein. Liegt hier ein christlicher Selbstwiderspruch vor? Die Spannung ist offenkundig. Sie will weiter bedacht werden – und zwar zunächst noch textimmanent mit den Aussagen des Dokumentes selbst.

Da ist zunächst vom unmittelbaren Zusammenhang dieser Aussagen her, d.h. von Nr. 22 her für das Dokument klar: die jüdische Leseweise in ihrem Ausdruck als Messiashoffnung ist „nicht auf die andere [Leseweise, nämlich den christlichen Glauben an Jesus als Messias] rückführbar", wie auch der umgekehrte Sachverhalt gilt. Das heißt: sie sagen ihr Eigenes und in sich Stehendes, das zu einem Gegenüber führt, und in diesem Gegenüber gibt es zugestandenermaßen Spannungen. Das Dokument scheint eine Milderung dieser Spannung zwischen jüdischer Messiashoffnung, die den Glauben an Jesus den Messias ausschließt, und dem christlichen Glauben an Jesus den Messias und Gottessohn aufzubieten, wenn es nach unserem thematischen Leitsatz von der jüdischen Messiashoffnung festhält: „Wir wie sie leben von der Erwartung" und direkt den Satz anschließt: „Der Unterschied ist nur, dass Derjenige, der kommen wird, die Züge Jesu tragen wird, der schon gekommen ist, unter uns gegenwärtig ist und handelt." (Nr. 21/43) Die Milderung der herausgearbeiteten Spannung besteht also darin, dass zwar die jetzige jüdische Messiashoffnung den Glauben an Jesus den Messias ausschließt, aber in der Parusie beim Wiederkommen des Herrn ihr Nein überwindet und zur Anerkennung des Wiederkommenden finden wird. Die Spannung erscheint hier als eine Spannung befristeter Zeit. Damit aber ist ein Problem gegeben, dessen weitere Behandlung auch über den textimmanenten Rahmen hinausführt.

Zuvor aber sei nochmals das Dokument selbst konsultiert und zwar in seinem Nachdenken über das, was es als dreifache Beziehung zwischen dem Neuen und Alten Testament bedenkt. Basis der Beziehung zwischen Neuem und Altem Testament ist, dass „das Neue Testament unauflöslich mit der Schrift des jüdischen Volkes verbunden" ist (Nr. 7/21). Das Dokument findet für die unauflösliche Verbundenheit des Neuen Testamentes mit dem Alten eine sprechende Doppelmetapher: „Ohne das Alte Testament wäre das Neue Testament ein Buch, das nicht entschlüsselt werden kann, wie eine Pflanze ohne Wurzeln, die zum Austrocknen verurteilt ist." (Nr. 84/161)

Freilich ist nach unserem Dokument die neutestamentlich-alttestamentliche Beziehung vieldimensional. Sie ist grundlegend von Kontinuität – der ersten Beziehungsdimension – bestimmt. Das heißt: „Das Neue Testament erkennt nicht nur die Autorität der jüdischen Schrift an [...] es nimmt auch voll die großen Themen der Theologie Israels auf"; zu den großen Themen zählt dann auch der Messianismus (Nr. 64/118). Neben der Dimension der Kontinuität ist wie ein Zwilling die Dimension der Diskontinuität zu bedenken; es lässt sich eben nicht leugnen, „dass der Übergang vom einen zum anderen Testament auch Brüche mit sich bringt", die zur Folge haben können, dass aus der Sicht des Judentums bedeutende Elemente des Alten Testaments im Neuen Testament „verschwinden" (Nr. 64/119). Das Element der Messiashoffnung verschwindet nicht. Vielmehr hat es aus christlicher Sicht an der dritten Dimension der Beziehung zwischen Neuem und Altem Testament Anteil, an der „Progression". Die Progression ist die positive Seite der Diskontinuität und besagt: „Das Neue Testament bezeugt, dass Jesus, weit davon entfernt, sich der israelitischen Schrift zu widersetzen, ihr ein Ende zu bereiten oder sie außer Kraft zu setzen, sie in seiner Person, in seiner Sendung und ganz besonders in seinem Ostergeheimnis zur Vollendung bringt. In der Tat entzieht sich keines der großen Themen der Theologie des Alten Testaments der neuen Sicht im Lichte Christi." (Nr. 65/119) Die Kirche als Lesegemeinde des Alten Testamentes im Licht Christi versteht Jesus Christus als „Messias Israels" (Nr. 65/120). Die Kennzeichnung Jesu Christi als Messias Israels kommt im Dokument zweimal vor und fungiert dabei jeweils als Verbundenheitsmotiv.

Zunächst benennt es den Existenzgrund der Kirche selbst, wenn es heißt: „Als Volk des neuen Bundes ist sich die Kirche bewusst, nur aufgrund ihrer Zugehörigkeit zu Jesus Christus, dem Messias Israels, [...] zu existieren. Fern davon, sich an die Stelle Israels zu setzen, bleibt sie mit ihm solidarisch." (Nr. 65/120f) In den Schlussfolgerungen des Gesamtdokumentes dient das Motiv vom Messias Israels dazu, über den Existenzgrund der Kirche hinaus die Nähe der heidenchristlichen Kirche zu Israel zu unterstreichen: „Doch die von den Heidenvölkern gekommenen Christen erlangen das Heil nur dadurch, dass sie durch ihren Glauben an den Messias Israels der Nachkommenschaft Abrahams eingegliedert werden (Gal 3,7.29)." (Nr. 85/163)

Das theologische Verständnis Jesu Christi als „Messias Israels" war vor mehr als zwei Jahrzehnten in die christlich-jüdische Debatte geraten; Pinchas Lapide hatte der Formulierung der evangelischen Rheinischen Synode 1980 „Wir bekennen uns zu Jesus Christus dem Juden, der als Messias Israels der Retter der Welt ist" (zit. nach Haacker, Jesus 1991, 444) leidenschaftlich entgegengehalten: „In der Religionsgeschichte der Menschheit gibt es kein Beispiel dafür, daß eine Glaubensgemeinschaft einer anderen vorzuschreiben versucht, welche Rolle eine Person [...] in der Heilsgeschichte der letzteren zu spielen habe" (zit. nach Haacker, Jesus 1991, 445). „Messias Israels" ist in dieser Kritik weniger als eine Herkunftsaussage verstanden worden, wonach Jesus von Nazaret für Christen der Messias aus Israel ist. Vielmehr ist die Sinnspitze der Aussage, er sei der Messias für Israel, bestritten worden. Dies könne vom Judentum nicht anerkannt werden, weil ein solches Wort ihm nicht als ein Wort Gottes entgegengekommen sei. Im Unterschied zu einer solchen Lesart des Titels „Messias Israels", die darin ein Trennungsmotiv sieht, meint das Dokument mit seinem Verständnis des Titels „Messias Israels" ein Verbundenheitsmotiv.

Sachlich ist den Autoren des Dokumentes dennoch klar, dass die rabbinischen Schriften und nachfolgenden jüdischen Überlieferungen bis heute „den Glauben an Jesus als Messias" dezidiert ausschließen (vgl. Nr. 22/44) und Nein zu Jesus Christus als Messias Israels sagen. Diese Spannung nimmt das Dokument nicht weg, wenn es sein christologisches Verständnis ausdrücklich macht und es vielfach – besonders im Punkt „Der Sohn und Nachfolger Davids" (Nr. 62-64/114-118) – messianisch entfaltet. Es schärft die Spannung im messianisch-christologischen Verständnis jedoch nicht in einer Weise zu, dass es etwa von einem christlich-jüdischen Grundunterschied spricht, aus dem alle anderen Unterschiede erwachsen. Es weiß eben um den Sachverhalt, dass in der jüdischen Lesart die Messiashoffnung nicht den Rang des grundlegenden Verständnisschlüssels hat: „In der Folgezeit [nach der Zeit des Zweiten Tempels] gehört die messianische Hoffnung wohl zu den Überlieferungen des Judentums, doch erscheint sie nicht in allen Strömungen als zentrales und einigendes Thema oder gar als einziger Schlüssel." (Nr. 62/115) Demgegenüber erkennt das Neue Testament und mit ihm die Kirche grundlegend und wesentlich „in Jesus von Nazaret den verheißenen, von Israel (und der gesamten Menschheit) erwarteten Messias, also denjenigen, der in seiner Person die Verheißung erfüllt". (Nr. 63/115) So grundlegend und wesentlich wie für das Christentum ist die Messiashoffnung für das Judentum nicht. Wir stehen hier also vor einem Ungleichgewicht, einer Asymmetrie im christlich-jüdischen Verhältnis: hier der grundlegende und wesentliche Messiasglaube – dort die nicht von allen Juden als zentral verstandene Messiashoffnung. Dennoch gibt es eine jüdische Messiashoffnung. Und von dieser sagt das Dokument: „Die jüdische Messiashoffnung ist nicht vergeblich".

Das Dokument weiß um die Spannung zwischen kirchlichem Christusglauben und jüdischer Messiashoffnung. Es verkennt den Charakter des Widerspruchs nicht. Statuiert es aber darüber hinaus einen Selbstwiderspruch, indem es einerseits den Christusglauben messianisch entfaltet und andererseits zugleich festhält: die jüdische Messiashoffnung, die zu diesem kirchlichen Christusglauben Nein sagt, ist nicht vergeblich? Es ist offenbar der theologischen Diskussion aufgegeben, diese Spannung weiter zu bedenken.

3. Die Aussage im geschichtlichen Vergleich und theologischen Nachdenken

Der Themensatz „Die jüdische Messiashoffnung ist nicht vergeblich" ist positiver Widerspruch zu jahrhundertelang wiederholter These in christlicher Theologie und Verkündigung. Die christlich-jüdische Konfrontation der Geschichte hat sich in einer kaum müde werdenden Beharrlichkeit des Messiasthemas angenommen. In immer neuen Anläufen wurde christlicherseits versucht, den Juden klar zu machen, dass Jesus der in der Bibel Israels verheißene Messias ist. Die Erfolglosigkeit dieser Versuche konnte man sich nicht anders als mit der Verstocktheit und Halsstarrigkeit der Juden erklären und führte zur fortschreitenden Verunglimpfung der jüdischen Messiashoffnung. Was bei den frühen Kirchenvätern wie dem in Rom wirkenden Apologeten, Philosophen und Märtyrer Justin (um 165 n.Chr.) in seinem „Dialog mit dem Juden Trypho" noch eine fast dialogisch anmutende Kontroverse um die Messianität Jesu war, wurde in den nachfolgenden Jahrhunderten und im Mittelalter polemisch verschärft. Es sei nicht nur die jüdische Messiashoffnung vergeblich und töricht; der Messias, den die Juden erwarteten, wurde darüber hinaus als Antichrist verstanden. In den Religionsdisputationen von Barcelona 1263 oder Tortosa 1413-1414 wurde das Messiasthema zu einem mit Macht und Gewalt ausgestatteten Kampfmittel christlicher Judenfeindschaft. Das messianische Thema ist in der christlich-jüdischen Konfrontationsgeschichte vielfach missbraucht worden, so dass unser Themensatz ein Kapitel der Wiedergutmachung und des Ehrerweises schreibt.

Auch heute trifft man in der theologischen Diskussion noch auf historisch gewachsene und vorurteilsbesetzte Positionen zur Messiasfrage. Da gibt es Stimmen, die mit dem Messias eine lediglich diesseitige und auf

Israel allein abgestellte, also als nationalpolitisch und äußerlich taxierte Rettungs-, Befreiungs- oder Erlösungsvorstellung verbinden. Von dort her weigern sich diese Stimmen, die Sendung und das Verständnis Jesu messianisch zu verstehen. Das Kommissionsdokument ist da ganz unbefangen und bleibt souverän gegenüber einer Position, die den Messiasbegriff als unneutestamentlich, unchristlich und einen für Jesus ganz unangemessenen Begriff ablehnt oder von ihm sagt, er sei obsolet.

Gegenüber den historischen und in Nachklängen auch heute begegnenden Positionen antimessianischer Gestimmtheit gewinnt unser Dokument eine Offenheit, die sehr wohl mit Unschärfen, Disparatheiten oder auch Randständigkeiten messianischer Erwartungen im Judentum nach der Zerstörung des Zweiten Tempels im Jahr 70 n.Chr. rechnet. Solche Disparatheiten bedeuten ja keineswegs, dass es im Alten Testament keine Impulse für eine sich konsolidierende Messiasvorstellung in nachbiblischer Zeit gab. Wir haben – wie das Dokument der Päpstlichen Bibelkommission an vielen Stellen andeutet – eine allmähliche und sich differenzierende Entwicklung der messianischen Idee in der Bibel Israels.

Diese Entwicklungen näher analysierend und bewertend, kommt ein Theologe und Judentumskenner wie der Luzerner Clemens Thoma zu dem Fazit: Wenn die Vorstellung vom Messias sich in der Zeit des Zweiten Tempels in einem sehr vielschichtigen Prozess auf „eine von Gott in der Entscheidungszeit für die Endzukunft nach Israel gesandte Gestalt mit variierenden königlichen, priesterlichen und prophetischen Eigenschaften" hin entwickelt, „dann hat dies auch Auswirkungen auf das Reden über den Messias Jesus von Nazaret. Weil es vor dem Neuen Testament im Gesamtbereich des Frühjudentums keinen *typischen* Messias gegeben hat, kann man auch nicht von Jesus als einem *untypischen* Messias sprechen. Man kann ihn höchstens einen in dieser Konkretheit *so* unerwarteten, noch nicht entworfenen Messias nennen. [...] Der neutestamentliche Messiasglaube ist eine bestimmte Ausformung des frühjüdischen Messianismus." (beide Zitate Thoma, Messiasprojekt 1994, 134). Diesen Sachverhalt umschreibt unser Dokument in seiner Sprachlichkeit folgendermaßen: „Der christliche Glaube sieht in Christus die Erfüllung der Schrift und der Erwartungen Israels, doch betrachtet er die Erfüllung nicht einfach als das Eintreffen dessen, was geschrieben steht. [...] Vielmehr verwirklicht sich im Geheimnis des gekreuzigten und auferstandenen Christus die Erfüllung in unvorhersehbarer Weise. Jesus spielt nicht einfach eine vorgegebene Rolle – die Rolle des Messias –, sondern er verleiht den Begriffen des Messias wie des Heils eine Fülle, die sich zuvor nicht erahnen ließ; er erfüllt sie mit neuer Realität; [...] Die Messianität Jesu hat einen neuen und unerhörten Sinn." (Nr. 21/42) Es gibt bei der Messianität Jesu in Bezug auf die messianischen Texte des Alten Testaments „die Vorankündigung und die Unähnlichkeit" (Nr. 21/43) oder „eine Sinnfülle [...], die vorher nicht wahrzunehmen war" (Nr. 64/118). Eine Erfüllung von Erwartungen, welche neben dem Moment der Entsprechung auch das Moment des Unvorhersehbaren, des Nicht-erahnbaren und des unerhört neuen Sinns hat, gibt keinen Rechtstitel an die Hand, den Glauben an sie als eine zwangsläufige Folge aus Erwartungen einzufordern. Das ist natürlich im Blick auf die belastete Geschichte hin gesagt, in deren Verlauf solche Einforderung von Christen gegenüber Juden immer wieder geschah. Eine heutige christliche Theologie, die in Übereinstimmung mit dem Kommissionsdokument den messianischen Gehalt des Christusglaubens freizulegen versucht, hat eben der unseligen Geschichte christlicher Judenfeindschaft zu gedenken, in welcher der Messiasbegriff zu einem Kampfbegriff geworden war. Eine sich der geschichtlichen Last bewußte christliche Theologie darf dann mit dem evangelischen Theologen Friedrich-Wilhelm Marquardt formulieren: „Ausgeschlossen ist eine Fortsetzung des christlichen Verfahrens, Israels Unglauben ‚anzuklagen', wenn eine von Christen behauptete, mit wieviel jüdischem Traditionsmaterial auch immer ‚belegte' jüdische Denkmöglichkeit der Messianität Jesu jüdisch nicht akzeptiert wird. Christliche Theologie muß sich abfinden damit, daß der Messias Jesus nicht jüdisches Vorstellungsvermögen, sondern christliche Beweise des Geistes und der Kraft abfordert – in Nachfolge solcher [Geisterweise], die Jesus womöglich wirklich längst gegeben hat. Dies zusammengenommen bewegt uns dazu, Jesus als Messias Israels als eine Hoffnung zu denken, die wir Israel schuldig sind, nicht mehr als eine Erkenntnis, die Israel bisher angeblich Gott schuldig geblieben ist." (Marquardt, Bekenntnis Bd. 2 1991, 217)

Das Messianische Jesu als eine Hoffnung zu denken, die wir Israel schuldig sind, zwingt den Blick nicht weg von alttestamentlichem, frühjüdischem und frühchristlichem Traditionsmaterial über das Messianische. Vielmehr schärft es den Blick auf das in dieser Tradition Angesagte, tatsächlich aber noch Ausstehende, noch Unabgegoltene, das „Noch nicht" des Messianischen. Hier ist nun freilich darauf aufmerksam zu machen, dass unser Dokument Jesus Christus vor allem als eine Erfüllungsfigur des Messianischen versteht. Es tritt dem Leser/der Leserin manchmal ein Erfüllungs- und Vollendungspathos entgegen: Jesus Christus bringt die Schrift Israels „zur Vollendung" (Nr. 65/119). Dem Wort der Schrift Israels „entsprechen Leben, Tod und Auferstehung Christi vollständig" (Nr. 6/19). Jesus „verleiht den Begriffen des Messias wie des Heils eine Fülle, die sich zuvor nicht erahnen ließ". (Nr. 21/42) „In der Sicht des Neuen Testaments verwirklicht Jesus so in seiner Person, vor allem durch sein Ostergeheimnis, alle Heilsverheißungen, die mit dem Kommen des Messias verbunden sind." (Nr. 63/117f) Und doch kommt es im Dokument insgesamt nicht zu einem überbejahten Erfüllungsoptimismus. Es ist sehr wohl präsent, dass die Erfüllung der endzeitlichen Verheißungen der Propheten „in Jesus von Nazaret, dem Christus, [...] begonnen hat". (Nr. 11/27) Wo von einem Beginn gesprochen wird, ist noch nicht die ganze Strecke durchlaufen, das Endgültige noch nicht ausgeschöpft, ein „Noch-nicht" konstatiert. Auch hier ist unser Dokument klar: „Die endgültige Vollendung wird die des Endes sein, mit der Auferstehung der Toten und dem neuen Himmel und der neuen Erde." (Nr. 21/42f) Neben der Erfüllung des Messianischen in Jesus Christus gibt es am Messiasamt Jesu Christi auch ein noch Ausstehendes, das wir Christen erwarten und nach dem wir uns ausstrecken.

Was aber ist das noch Ausstehende am Messiasamt Jesu, welche Verheißung ist noch unabgegolten? Für einen Theologen wie Jürgen Moltmann steht Jesus als der Gekommene für die Seligpreisung der Armen, die Berufung der Fernen und die Versöhnung der Feinde, „aber noch nicht die ‚Erlösung der Welt', die Überwindung aller Feindschaft, die Auferstehung der Toten und die neue Schöpfung. Die Liebe Gottes ist durch Christus schon offenbar geworden. Die Herrlichkeit Gottes aber ist noch nicht aus ihrer Verborgenheit hervorgebrochen. Darum ist das Leben der Christen hier und jetzt noch ‚verborgen mit Christus in Gott', [...] leiden sie an dieser ‚unerlösten Welt' und ‚seufzen' zusammen mit der ganzen geknechteten Kreatur (Röm 8) [...]" (Moltmann, Jesus 1995, 55). Clemens Thoma beschreibt die noch offene Verheißung so: „Zeiten des Aufatmens sind verheißen. Das entscheidende Ende wird erst noch kommen, wenn der Messias wie Mose d.h. als der autoritative, endgültige, öffentliche, richterliche Gesetzgeber kommen wird, der von den Juden eher akzeptiert werden kann als der leidende und verspottete ‚König der Juden' Jesus von Nazareth. Es ist ziemlich allgemeine christliche Überzeugung, daß dies Jesus sein wird. Die Juden dürfen inzwischen auf einen andern warten, den sie als neuen Mose dankbar annehmen werden. Da aber Jesus nicht nur messianisch umschrieben werden kann, ist es denkbar, daß der jüdische Messias noch kommen wird. Als Gesetzeslehrer, als Entscheider über das Land Israel und seine Bewohner? Als Erlöser von Krieg und Uneinigkeit? Eine solche Vorstellung ist jedenfalls christlich nicht unmöglich. Es dürfte den Christen genügen, daß man Jesus als Messias bezeichnen kann [...] und daß Jesus der vollkommene lebens- und geschichtsentscheidende Repräsentant Gottes ist." (Thoma, Messiasprojekt 1994, 140). Thomas Überlegung hat eine gewisse Parallele zum Kommissionsdokument und löst ähnliche Rückfragen aus. Sie hält analog zum Dokument einerseits an der Identität des am Ende der Zeiten kommenden Messias mit Jesus von Nazaret fest. Zugleich lässt sie offenbar die Möglichkeit einer jüdischen Messiashoffnung offen. Geht aber beides zusammen? So ist nochmals in der innerchristlichen Vergewisserung zu fragen.

Hier haben wir erneut ein Gegenüber von christlichem Christusglauben und jüdischer Messiashoffnung. Gibt es eine Brücke zwischen beiden? Ein jüdisch-christlicher Konsens ist hier nicht einzufordern. Wohl aber ist die Frage zu stellen, ob der Christ und die Christin die jüdische Hoffnung, die mit einem kommenden Messias rechnet, nicht nur respektvoll hören, sondern darüber hinaus sogar ein affirmatives, anerkennendes Verhältnis zu dieser jüdischen Messiashoffnung gewinnen kann, auch wenn diese ein Nein zu Jesus Christus beinhaltet? Das Dokument der Päpstlichen Bibelkommission bejaht diese Frage. Es tut dies, weil es die Kirche von Gott in die Nähe zum jüdischen Volk gestellt sieht. Sollten die Ungekündetheit des Bundes Gottes mit Israel (vgl. Nr. 42/80), die Fortdauer göttlicher Liebe zu Israel (vgl. Nr. 31f/58-63), die unverbrüchliche Treue göttlicher Erwählung Israels (vgl. Nr. 33-36/63-71) wie auch die jüdische Treue zum Bund Gottes und die jüdische Liebe zum göttlichen Namen, von denen die große Karfreitagsfürbitte der katholischen Liturgie spricht (vgl. KuJ I, 57), nicht eine eigene Schwerkraft auch im Blick auf die jüdische Messiashoffnung haben? Steht die jüdische Messiashoffnung nicht unter dem Segen des Gottes Israels? In Übereinstimmung mit dem Gesamtduktus des Kommissionsdokumentes wird man diese Fragen positiv beantworten wollen und müssen; die Gaben Gottes an Israel behalten ihr heilvolles Gewicht für Israel, die jüdische Messiashoffnung steht unter dem Segen Gottes.

Meldet sich hier – und diese Frage weist über den Rahmen des Dokumentes hinaus und geht auf die Rechnung einer „opinio theologica" oder theologischen These – die Möglichkeit einer Pluriformität oder Polarität von Wahrheit – etwa in dem Sinne von Ps 62,12: „Eines hat Gott gesagt, zweierlei habe ich gehört"? Wir stehen mit den aufgeworfenen Fragen vor einer Spannung bereits im christlichen Glauben und Hoffen selbst. Eine Spannung, die darin besteht, dass der christliche Glaube sich am messianischen Wiederkommen Jesu Christi festmacht und zugleich die jüdische Messiashoffnung positiv würdigt. Eine Spannung, in welcher der Christ bzw. die Christin nicht auf einen anderen als den wiederkommenden Jesus Christus wartet und zugleich die jüdische Messiashoffnung als einen Akt der Treue zum Gott Israels achtet. Eine Spannung, in welcher der unverratene Christusglaube den Segen Gottes nicht einfach von der jüdischen Messiashoffnung zurückweichen sieht, wenn sie mit ihrem Nein zu Jesus Christus gegen die erfahrene und erlittene Unerlöstheit der Welt protestiert. Haben wir die Auflösung dieser Spannung in das Geheimnis des Heilsplans Gottes zu stellen? Es gibt Fragen des Glaubens, die sich der bündigen, einfachen Antwort verweigern; sie führen bisweilen in eine Doppelheit von Antwortversuchen, deren Spannung und Gegenläufigkeit sich nicht vermitteln oder auflösen lässt. Offenbar ist die Christus-Messias-Frage eine solche Frage. Unser Dokument sagt dieses nicht ausdrücklich. Aber die in ihm hervorgetretene Spannung lässt sich nicht einfach auflösen und nötigt dem theologischen Nachdenken eine doppelte Antwort auf. „Die Annahme, Jesus werde der kommende Messias Iudaeorum sein, ist nach Paulus [...] ein ähnliches Wunder wie die Auferstehung der Toten. Wir dürfen also den Juden unseren Messiasglauben nicht aufdrängen. Ihre Messiashoffnungen sind – nach alledem – legitim und dürfen auch von christlichen Nichtjuden aus den Völkern bekräftigt werden." (Thoma, Messiasprojekt 1994, 140f)

Schluss

Die Aussage „Die jüdische Messiashoffnung ist nicht vergeblich" ist ein mutiges Wort und hat Tragweite und Gewicht für Theologie und Dialog. Sie benennt nicht einfach einen christlich-jüdischen Konsens, sondern gehört zu einer „Uneinigkeit auf der Ebene der Glaubensüberzeugung" (Nr. 87/167, dort auch nachfolgende Zitate) zwischen Christen und Juden. Das Wort beendet nicht den Dialog, sondern eröffnet einen Dialog. Es ist von der „Haltung des Respekts, der Hochschätzung und der Liebe gegenüber dem jüdischen Volk" getragen. „Diese ist die einzige wirklich christliche Haltung in einer heilsgeschichtlichen Situation, die in geheimnisvoller Weise Teil des ganz positiven Heilsplans Gottes ist". Das Dokument fordert solche Haltung nicht lediglich von einer externen Adresse, sondern vollzieht sie von innen her. Dies ist bedeutsam – besonders in einer Zeit, wo das christlich-jüdische Verhältnis bedrängt ist.

Zugrunde liegende und weiterführende Literatur

HAACKER, Klaus, Jesus – Messias Israels? in: EvTh 51 (1991) 444-457.

THOMA, Clemens, Das Messiasprojekt. Theologie jüdisch-christlicher Begegnung, Augsburg 1994.

MARQUARDT, Friedrich-Wilhelm, Das christliche Bekenntnis zu Jesus, dem Juden. Eine Christologie, 2 Bde., München 1990f.

MOLTMANN, Jürgen, Jesus zwischen Juden und Christen, in: EvTh 55 (1995) 49-63.

VI.
BERND JANOWSKI
DIE JÜDISCHEN PSALMEN IN DER CHRISTLICHEN PASSIONSGESCHICHTE.
EINE REZEPTIONSGESCHICHTLICHE SKIZZE

In ihrem Dokument „Das jüdische Volk und seine Heilige Schrift in der christlichen Bibel" (VAS 152) vom 24. Mai 2001 geht die Päpstliche Bibelkommission von der zutreffenden These aus, dass die Heilige Schrift des jüdischen Volkes, die sogenannte Bibel Israels, der grundlegende Bestandteil der christlichen Bibel ist (Nr. 2ff/15ff). Außer an gemeinsamen Grundthemen zwischen Altem und Neuem Testament (Nr. 23ff/45ff) lässt sich dies auch an der Art und Weise festmachen, wie das Neue Testament an entscheidenden Stellen auf das Alte Testament Bezug nimmt. „Das Neue Testament bezeugt, dass Jesus, weit davon entfernt, sich der israelitischen Schrift zu widersetzen, ihr ein Ende zu bereiten oder sie außer Kraft zu setzen, sie in seiner Person, in seiner Sendung und ganz besonders in seinem Ostergeheimnis zur Vollendung bringt." (Nr. 65/119). Die Rezeption der Psalmen Israels im Neuen Testament, besonders in den synoptischen Passionsgeschichten, ist für dieses Zeugnis ein beredtes Beispiel.

1. Jesus und die Psalmen Israels

Die Psalmen gehören zu den am meisten zitierten und sprachlich/motivlich herangezogenen Texten des Alten Testaments im Neuen Testament. Mit insgesamt 110 wörtlichen Zitaten und Anspielungen (vor allem aus Ps 2; 22; 110 und 118) stellt der Psalter etwa ein Drittel aller Schriftzitate im Neuen Testament. Psalmen sind vor allem für die markinische Passionsgeschichte (Mk 14,1-16,8) charakteristisch, in der an neun Stellen aus dem Psalter (ohne einführende Zitationsformel) zitiert bzw. auf ihn angespielt wird:

Markuspassion		*Psalmen*
14,18	„Der mit mir isst"	41,10
14,34	„Betrübt ist meine Seele zu Tode"	42,6.12; 43,5; 55,2-6
14,38	„Der Geist ist willig ..."	51,14
14,62	Sitzen zur Rechten der Kraft	110,1

15,24	Teilung der Kleider	22,19
15,29	Kopfschütteln der Vorbeigehenden	22,8
15,30f	Verspottung des Gerechten	22,9; 55,23
15,34	„Mein Gott, mein Gott ..."	22,2
15,36	Tränken mit Essig	69,22

Dazu kommen die sprachlichen und motivlichen Anspielungen in Mk 14,1 auf die „List" der Hohenpriester und Schriftgelehrten, in Mk 14,41 auf das „Ausgeliefertwerden" des Menschensohns in die Hände der Sünder, in Mk 14,55 auf das Suchen nach einem Zeugnis gegen Jesus, in Mk 14,57 auf das Ablegen eines Falschzeugnisses gegen Jesus, in Mk 14,61; 15,4f auf das „Schweigen" Jesu angesichts der Anklage sowie außerhalb der Passionsgeschichte in Mk 11,9f (auf Ps 118,25f).

Die zitierten oder sprachlich/motivlich herangezogenen Psalmen 22 (5 Belege), 41 (1 Beleg), 42/43 (3 Belege), 51 (1 Beleg), 55 (1 Beleg), 69 (1 Beleg) und 110 (1 Beleg) verteilen sich auf drei Szenen der markinischen Passionsgeschichte: auf den Bericht vom *letzten Mahl Jesu mit seinen Jüngern* Mk 14,12-25 (V 18: Ps 41,10, vgl. 1QH 13[bisher: 5],23f), auf das *Gebet Jesu in Gethsemane* Mk 14,32-42 (V 34: Ps 42,6.12; 43,5; V 38: Ps 51,14), mit Vorverweis auf das *Bekenntnis Jesu* Mk 14,53-65 (V 62: Ps 110,1 [und Dan 7,13]) und auf den *Bericht von der Kreuzigung Jesu* Mk 15,20b-41 (V 23.24.29.30f.34.36: Ps 69,22; 22,19.8.9.2; 69,22). Schon diese Verteilung zeigt, dass die genannten Psalmen an dramatischen Höhepunkten der Passionsgeschichte eingeflochten werden. Zugleich unterstreichen sie als Klage- und Danklieder des Einzelnen, dass es sich im Geschick Jesu um „die Erfahrung des Bedrängtseins durch die Macht des Todes als Schicksal der Gerechten und Frommen, erlitten als Gewalt durch Menschenhände und als Hohn der Frevler" (Löning, Funktion 1998, 271) handelt. Beginnen wir mit dem Bericht vom Gebet Jesu in Gethsemane.

2. Die Gethsemane-Erzählung Mk 14,32-42

Bei der Bezugnahme der markinischen Passionsgeschichte auf den Psalter geht es um mehr als um biblisches Sprachkolorit. Da mit der Sprache der Psalmen ein bestimmtes Gottes-, Welt- und Menschenverständnis zum Ausdruck gebracht wird, liegt der Rezeption der Klage- und Danklieder vielmehr die Absicht zugrunde, dem Leiden Jesu das Zufällige zu nehmen und es – mit signifikanten, auf die Singularität Jesu und seines Geschicks bezogenen Akzentsetzungen – in der Motivtradition der *passio iusti* zu verankern. Das in den Klage- und Dankpsalmen beheimatete Leidensmotiv findet sich in expliziter Form zunächst im Bericht über das Gebet Jesu in

Gethsemane Mk 14,32-42 mit seinen in V 34 auf Ps 42/43 und/oder Ps 55 zurückgreifenden zitathaften Anspielungen:

32 Und sie kommen zu einem Grundstück mit Namen Gethsemane,
und er sagt zu seinen Jüngern:
‚Setzt euch hier hin, bis ich gebetet habe.'
33 Und er nimmt Petrus und Jakobus und Johannes mit sich
und fing an, zu zittern und zu zagen
34 und er sagt zu ihnen:
‚Betrübt ist meine Seele zu Tode.
Bleibt hier und wacht!'

Bereits in V 33b, der als einleitender Bericht über die heftige Gemütsbewegung Jesu mit dem auf Ps 42/43 anspielenden Wort Jesu an die Jünger V 34 verbunden ist, werden mit „sich entsetzen" (ἐκθαμβεῖσθαι) und „in Angst geraten" (ἀδμονεῖν) zwei Verben verwendet, die zum Wortfeld der emotionalen Erschütterung gehören. Deren Ursache wird in V 34 möglicherweise unter Anspielung auf den Kehrvers von Ps 42/43 geschildert, in dem der Beter seine *naefaesch*, nach dem Grund ihrer Angst fragt, um darauf seiner Rettungsgewissheit Ausdruck zu verleihen:

Was zerfließt du ‹über mir›, mein Leben (*naefaesch*),
und was begehrst du (noch einmal) auf gegen mich?
Warte auf Gott, denn noch werde ich ihm danken,
der Rettung meines Gesichts ‹und meinem Gott›.
(Ps 42,6, vgl. V 12; 43,5)

Eine erstaunliche strukturelle und thematische Nähe zur Gethsemane-Erzählung enthält auch Ps 55, ohne dass dabei von einem regelrechten Zitat oder einer direkten Anspielung gesprochen werden könnte. Der Todesschrecken des Beters wird hier (Ps 55,13-15) wie in der Gethsemane-Szene durch einen Vertrauten – nämlich den „Auslieferer" Judas (Mk 14,42, vgl. 14,18.20f.44) – ausgelöst, der sich in die Menge der Feinde und Gottlosen einreiht, die den Beter bedrängen:

2   Vernimm, o Gott, mein (Bitt-)Gebet,
    und verbirg dich nicht vor meinem Flehen.
3   Achte auf mich und erhöre mich.
    Ich irre umher in meiner Verzweiflung, und ich bin außer mir
4   wegen des Geschreis des Feindes,
        wegen der Bedrängnis seitens des Frevlers.
    Ja, sie wälzen auf mich Unheil,
    und im Wutschnauben beschuldigen sie mich.

5 Mein Herz bebt in meiner Mitte,
   und Schrecken des Todes sind auf mich gefallen.
6 Furcht und Zittern kommen zu mir,
   und es hat mich Schrecken bedeckt. (Ps 55,2-6)

Damit wird über die Rezeption des Kehrverses von Ps 42/43 in Mk 14,32-42 und – in Kombination damit (?) – den intertextuellen Bezug der Gethsemane-Erzählung zu Ps 55 eine Entsprechung zwischen der Situation des Psalmbeters und derjenigen des betenden Gottessohnes hergestellt, die ein ähnliches Handlungsmodell – *„Der Freund, der zum Feind wird'* – aufweist. So wird die Erzählung vom letzten Gebet Jesu vor seinem Tod zu einem aufschlussreichen Hinweis auf „[...] die Tragfähigkeit der Psalmentraditionen Israels: Sie haben das Gebet des Gottessohnes Jesus in Zeiten höchster Bedrängnis und Not getragen" (Herzer, Freund 2001, 134). Diese Linie der Psalmenrezeption wird im Kreuzigungsbericht fortgesetzt.

3. Der Kreuzigungsbericht Mk 15,20b-41

Der eigentliche Bericht vom Tod Jesu setzt nach Mk 15,33-41 mit der Darstellung einer kosmischen Finsternis in der sechsten Stunde ein:

(33) Und als die sechste Stunde gekommen war, entstand eine Finsternis über das ganze Land bis zur neunten Stunde. (34) Und in der neunten Stunde schrie Jesus mit lauter Stimme: *‚Eloï, Eloï, lema sabachtani'*, was übersetzt heißt: *‚Mein Gott, mein Gott, wozu hast du mich verlassen?'* [Ps 22,2]. (35) Und einige von den Umstehenden hörten das und sagten: ‚Siehe, er ruft Elia!' (36) Einer aber lief, füllte einen Schwamm mit *Essig*, steckte ihn auf einen Rohrstock und *tränkte ihn* [vgl. Ps 69,22b], wobei er sagte: ‚Lasst, wir wollen sehen, ob Elia kommt, ihn abzunehmen.' (37) Jesus aber stieß einen lauten Schrei aus und verschied. (38) Und der Vorhang des Tempels zerriss in zwei Teile von oben bis unten. (39) Als der Centurio, der ihm gegenüberstand, sah, dass er so gestorben war, sagte er: ‚In der Tat, dieser Mensch war ein Sohn Gottes'. (40) Es waren aber auch Frauen von weitem am Zuschauen, unter denen auch Maria die Magdalenerin und Maria, die Mutter des kleinen Jakobus und des Joses, und Salome waren, (41) die ihm nachgefolgt waren, als er in Galiläa war, und ihm gedient hatten, und viele andere (Frauen), die mit ihm nach Jerusalem hinaufgezogen waren.

Wird in diesem Bericht, das ist unsere Frage, der gesamte Ps 22, also auch das Danklied V 23-32, oder nur Ps 22,2 zitiert – so dass im Grunde nichts anderes als der Schrei der Gottverlassenheit bleibt? Diese These hat eine lange Wirkungsgeschichte und reicht von H.S. Reimarus über J. Moltmann bis zu Th. Gut. In Aufnahme dieser These hat sich bekanntlich R. Bultmann nicht der Möglichkeit verschlossen, dass Jesus am Kreuz zusammengebrochen und in Verzweiflung gestorben sei.

H. Gese (Psalm 22 ³1989) hat demgegenüber die Meinung vertreten, dass nicht allein Ps 22,2, sondern der gesamte Psalm den Anknüpfungspunkt für den Bericht vom Tod Jesu gebildet und die Darstellung dieses Ereignisses geprägt habe, und zwar in zweifacher Weise:

– In **Mk 15,20b-32** wird der Anfangs- und der Endpunkt der Feindklage von Ps 22 zitiert: Ps 22,8 (innerhalb der 2. Feindklage V 7-9) in Mk 15,29 (Kopfschütteln der Vorübergehenden) und Ps 22,19 (innerhalb der 3. Feindklage V 13-19) in Mk 15,24 (Teilung der Kleider). Die Abfolge der in Mk 15,20b-32 zitierten Textelemente aus Ps 22 ist dem Prätext gegenüber gegenläufig und steuert auf den Anfang von Ps 22, d.h. auf die Invocatio V 2 zu.

– In **Mk 15,33-40** ruft Jesus „mit lauter Stimme": „*Eloï, Eloï, lema sabachtani ...*" (V 34). Dieses Rufen wird von einigen Umstehenden missverstanden und die Invocatio „*Eloï, Eloï*" auf Elia bezogen (V 34f). Es folgt die Szene mit dem Tränken des Gekreuzigten mit Essig (V 36, vgl. V 23), woraufhin Jesus laut rufend verscheidet (V 37). Dann zerreißt der Tempelvorhang (V 38). Der Hauptmann, der sieht, dass Jesus so rufend verschied, bekennt sich zum Gekreuzigten als dem „Sohn Gottes" (V 39).

Die Aussage, dass der Hauptmann sich zum Gekreuzigten bekennt, weil er sah, „dass er so rufend gestorben war" (V 39), ist auf die Aussage zu beziehen, dass Jesus verschied, indem er einen lauten Schrei ausstieß (V 37). Dazwischen steht der Satz vom Zerreißen des Tempelvorhangs. Ebenso steht der Abschnitt V 35f zwischen V 34 und V 37, so dass man jetzt „nicht mehr ohne weiteres (merkt), daß die φωνῇ μεγάλῃ beim Tod Jesu sich auf die φωνῇ μεγάλῃ des Zitierens von Ps 22 bezieht". (Gese, Psalm 22 ³1989, 195) Die These, dass Jesus laut rufend, d.h. mit Ps 22 auf den Lippen stirbt, ergibt sich nach H. Gese aus der Reaktion des Hauptmanns: „Als der Centurio, der ihm gegenüberstand, sah, dass er so gestorben war, sagte er: ‚In der Tat, dieser Mensch war ein Sohn Gottes'" (V 39). Aufgrund dieser Erwägungen kommt Gese zu dem „Ergebnis, daß sich der gesamte ursprüngliche Bericht vom Tod Jesu auf ein Zitieren von Ps 22 bezieht [...]" und gleichsam „unter dem Schleier von Ps 22" (Gese, Psalm 22 ³1989, 196) verborgen wird.

Gehen wir zur genaueren Analyse von dem Klagelied Ps 22,2-22 aus, das sich in drei Sprechakte gliedern lässt, die der Beter im Textverlauf nacheinander vollzieht: *Sprechakt 1: V 2-12* (Klagen: V 2f.7-9 > Vertrauen: V 4-6.10-12 > Bitte: V 12), *Sprechakt 2: V 13-22* (Klagen: V 13-19 > Bitten: V 20-22) und *Sprechakt 3: V 23-32* (Loben). Der Text lautet in Übersetzung folgendermaßen:

Klage I + Invocatio

2 Mein Gott, mein Gott, wozu hast du mich verlassen,   *Gottklage*
(der du) fern (bist) von meiner Rettung, den Worten
   meines Schreiens?
3 ‚Mein Gott!' rufe ich bei Tag, doch du antwortest nicht,
Und bei Nacht, doch ich finde keine Ruhe.

Vertrauensäußerung

4 Aber du bist heilig,
thronend auf den Lobgesängen Israels!
5 Auf dich vertrauten unsere Väter,
sie vertrauten, und du hast sie errettet.
6 Zu dir riefen sie und wurden frei,
auf dich vertrauten sie und wurden nicht zuschanden.

Klage II

7 Ich aber bin ein Wurm und kein Mann (mehr),   *Feindklage*
ein Spott der Menschen und verachtet vom Volk!
8 Alle, die mich sehen, verlachen mich,
sie verziehen die Lippe, schütteln den Kopf:
9 ‚Wälze es auf JHWH!', ‚Er soll ihn retten,
er soll ihn herausreißen, denn er hat Gefallen an ihm!'

Vertrauensäußerung

10 Ja, du bist es, der mich aus dem Mutterleib hervorzog,
mir Vertrauen einflößte an den Brüsten meiner Mutter!
11 Auf dich bin ich geworfen von Mutterschoß an,
vom Leib meiner Mutter an bist du mein Gott.
12 Sei nicht fern von mir,   *Bitte*
denn die Not ist nah,
ja, es gibt keinen Helfer!

Klage III

13 Umgeben haben mich viele Stiere,	13f *Feindklage*
die ‚Starken Basans' haben mich umstellt.	
14 Aufgerissen haben sie (schon) gegen mich ihr Maul:	
ein Löwe, reißend und brüllend.	
15 Wie Wasser bin ich hingeschüttet,	15f *Ich-Klage*
und gelöst haben sich alle meine Gebeine,	
geworden ist mein Herz wie Wachs,	
zerflossen in meinem Inneren.	
16 Trocken wie eine Scherbe ist meine (Lebens-)Kraft,	
und meine Zunge klebt an meinem Gaumen,	
und in Todesstaub legst du mich nieder.	
17 Ja, mich haben Hunde umringt,	17a *Feindklage*
eine Rotte von Übeltätern hat mich umkreist!	17f* *Ich-Klage*
⟨Zu kurz sind⟩ meine Hände und Füße,	
18 ich kann alle meine Gebeine zählen.	18f**Feindklage*
Sie aber blicken (immer wieder) her, sehen auf mich,	
19 sie teilen meine Kleider unter sich	
und über mein Gewand werfen sie das Los.	

Bitte + Invocatio

20 Aber du, JHWH, sei nicht fern,
 meine Stärke, eile mir doch zu Hilfe!
21 Entreiß doch dem Dolch mein Leben (*naefaesch*),
 aus der Gewalt des Hundes ‚meine Einzige'!
22 Rette mich vor dem Rachen des Löwen,
 vor den Hörnern der Wildstiere – du hast mir geantwortet!

An das Klagelied V 2-22 schließt sich ab V 23 als *Sprechakt 3: V 23-32* ein individuelles Danklied an, das mit der Selbstaufforderung des Beters zum Gotteslob einsetzt (V 23) und das allen „Samen Jakobs/Israels" zum Mitloben (V 24f) und zu einer Mahlfeier (V 26f) auffordert, weil JHWH den Armen „gehört" hat (V 25b). In V 28-32 wird der Kreis der Eingeladenen über Israel hinaus in universaler Weise ausgeweitet: auf die gesamte gegenwärtige Welt, d.h. die gegenwärtig *Lebenden* (V 28-30aa), auf die Vorwelt, d.h. die schon *Gestorbenen* (V 30ab.b), und auf die Nachwelt, d.h. die noch *Ungeborenen* (V 31f):

23 Ich will deinen Namen meinen Brüdern erzählen,
 inmitten der Gemeinde will ich dich loben.
24 Die ihr JHWH fürchtet, lobt ihn,
 aller Same Jakobs, ehrt ihn,

und erschauert vor ihm, aller Same Israels!
25 Denn er hat nicht verachtet und nicht verabscheut das Elend
des Armen,
und er hat sein Gesicht nicht verborgen vor ihm, und auf
sein Schreien zu ihm hat er gehört.
26 Von dir (kommt) mein Lobpreis in großer Gemeinde,
meine Gelübde erfülle ich vor denen, die ihn fürchten.
27 Essen sollen Arme und satt werden,
loben sollen JHWH, die ihn suchen, aufleben soll euer Herz
für immer!

28 Es sollen gedenken und zu JHWH umkehren alle Enden der Erde,
und niederfallen sollen vor deinem Gesicht alle Geschlechter
der Völker,
29 denn JHWH gehört das Königtum, und er herrscht über die Völker!
30 Ja, es aßen und fielen anbetend nieder alle Fetten der Erde,
vor ihm sollen sich beugen alle, die in den Staub hinabsteigen/
hinabgestiegen sind,
und wer (immer) sein Leben (*naefaesch*) nicht bewahrt hat.
31 Nachkommenschaft soll ihm (sc. JHWH) dienen,
erzählen soll man von Adonaj dem Geschlecht derer, die kommen
werden,
32 und man soll verkünden seine Gerechtigkeit dem Volk, das noch
geboren wird: dass er (es/sie [die Gerechtigkeit]) getan hat.

In den beiden ersten Klagegängen (V 2-6 + V 7-12) dominiert der *Sprechakt der Klage* (Sprechakt 1), wobei Elemente der Klage und des Vertrauens einander abwechseln. Das bringt es mit sich, dass die Klage etwas Unabgeschlossenes, Wartendes, Offenes auf Gott hin hat. Der dritte Klagegang (V 13-22) kulminiert in der Bitte (V 20-22), deren Dringlichkeit durch die Notschilderung – Feindklage/Ich-Klage (V 13-19) – unterstrichen wird. Die Klage wird dabei nicht einfach durch die Bitte abgelöst, vielmehr wachsen die Momente des Vertrauens weiter und münden in den *Sprechakt der Bitte* (Sprechakt 2) ein. Die Kommunikation zwischen Beter und Gott hat sich demgegenüber in V 23-32 (Danklied des Einzelnen) gewandelt, in dem als die intensivste Form des Vertrauens zu Gott der *Sprechakt des Lobens* (Sprechakt 3) herrscht. Hier ist kein sprachliches und vorstellungsmäßiges Element aus der Welt der Gottverlassenheit des Beters mehr zu finden.

Kehren wir von hier aus zum markinischen Kreuzigungsbericht zurück. Was der Gekreuzigte in der Stunde seines Todes empfunden hat, können wir nicht wissen – selbst wenn Mk 15,20b-41 ein historischer Bericht wäre. Woran wir uns dagegen halten können, ist die literarische Darstellung dieses Geschehens durch den Erzähler Markus, der an entscheidenden Stellen das Zitat Ps 22,2 sowie weitere Bezugnahmen auf Ps 22 eingeflochten hat. Im Blick auf diese Darstellung ist m.E. aber weder von einer die Klage Jesu aufhebenden Auferweckungshoffnung, wie sie durch die Zitation des gesamten Ps 22 präfiguriert sei (H. Gese u.a.), noch von einem nackten Verzweiflungsschrei des sterbenden Gottessohns (R. Bultmann u.a.) zu sprechen. Betrachtet man nämlich die Abfolge der in Mk 15,20b-41 aufgegriffenen Textelemente aus Ps 22, so ergibt sich zwischen beiden Texten eine gegenläufige szenische Anordnung:

Mk 15	**Ps 22**	
15,24	♦ Ps 22,19	Teilung der Kleider
15,29	♦ Ps 22,8	Kopfschütteln der Vorbeigehenden
15,30f	♦ Ps 22,9	Verspottung des Gerechten
15,34	♦ Ps 22,2	Invocatio und „Wozu"-Frage

Teilung der Kleider

... sie teilen meine Kleider unter sich,
und über mein Gewand werfen sie das Los. (Ps 22,19)

Und sie kreuzigen ihn und teilen seine Kleider, indem sie darüber würfeln, wer was nehmen solle. (Mk 15,24)

Kopfschütteln der Vorbeigehenden / Verspottung des Gerechten

Alle, die mich sehen, verlachen mich,
sie verziehen die Lippe, schütteln den Kopf:
‚Wälze es auf JHWH!', ‚Er soll ihn retten,
er soll ihn herausreißen, denn er hat Gefallen an ihm!' (Ps 22,8f)

(29) Und die Vorbeigehenden lästerten ihn, indem sie ihre Köpfe schüttelten und sagten: ‚O, der du den Tempel zerstörst und in drei Tagen erbaust, (30) rette dich selbst, indem du vom Kreuz herabsteigst!' (31) Ähnlich spotteten auch die Hohenpriester untereinander mit den Schriftgelehrten und sagten: ‚Andere hat er gerettet, sich selbst aber kann er nicht retten!' (Mk 15,29-31)

Invocatio und „Wozu"-Frage

Mein Gott, mein Gott, wozu hast du mich verlassen ... (Ps 22,2)

Und in der neunten Stunde schrie Jesus mit lauter Stimme: ‚*Eloï, Eloï, lema sabachtani*', was übersetzt heißt: ‚*Mein Gott, mein Gott, wozu hast du mich verlassen?*' (Mk 15,34)

Bei dieser szenischen Anordnung fällt auf, dass das Klagelied Ps 22,2-22 in der Markuspassion „von hinten her aufgerollt" (Ebner, Klage 2001, 77) wird: zuerst werden die Elemente der Feindklage aus Ps 22,19 und 22,8f aufgegriffen, bevor die Invocatio von Ps 22,2 zitiert wird. Die beschriebene Gegenläufigkeit ergibt sich daraus, dass im Kreuzigungsbericht entsprechend der narrativen Chronologie die Schilderung der Feindbedrängnis – Teilung der Kleider (V 24), Kopfschütteln der Vorbeigehenden (V 29) und Verspottung des Gerechten (V 30f) – als der die Dramatik des Geschehens auslösende Faktor am Anfang steht, während die klagende „Wozu"-Frage (V 34) am Ende der Erzählung folgt. Nach dem Elia-Missverständnis (V 35f) heißt es nur noch: „Jesus aber stieß einen lauten Schrei aus und verschied" (V 37). Dann zerreißt der Tempelvorhang (V 38), und der Centurio, der dem Sterbenden gegenübersteht und sieht, dass er so, d.h. mit Ps 22,2 auf den Lippen, verschied, spricht sein Bekenntnis: „In der Tat, dieser Mensch war ein Sohn Gottes" (V 39). Ein weiteres, über den Klageliedteil (V 2-22) hinausweisendes Element aus Ps 22 wird ab Mk 15,34 nicht mehr genannt.

Gott, der vom Gekreuzigten mit der „Wozu"-Frage angeredet wird („du"), aber schweigt. Und auch der Erzähler Markus gibt vorerst mit keinem Wort zu erkennen, wie und wann Gott reagiert. Im Kreuzigungsbericht gibt es ‚keinen verborgenen Lichtglanz', alles ist Finsternis. Umso dringlicher stellt sich deshalb die Frage, welchen Sinn diese *Konzentration auf die Klage des Gekreuzigten* haben kann – also doch den, den ihr R. Bultmann zuerkannte? Die Antwort dürfte dieselbe sein wie im Fall der alttestamentlichen Klagelieder des Einzelnen. Dort ist die Klage, wie man sich anhand des Musterbeispiels von Ps 13 deutlich machen kann, weder ein nackter Schrei der Verzweiflung noch ein bedeutungsschwaches Durchgangsphänomen zur Rettungsgewißheit, sondern im Gegenteil der „... Versuch einer erneuten ‚Vertrauenssicherung', indem die Frage nach Ziel und Sinn der Bedrängnis gestellt und damit zugleich die Hoffnung auf mögliche Veränderung zum Ausdruck gebracht wird" (Ebner, ebd. 79). Insofern verlässt die am Sinn des göttlichen Handelns orientierte „Wozu"-Frage von Mk 15,34, auch wenn sie unbeantwortet bleibt, nicht den Boden des Glaubens. Sie richtet sich „auch in der Todesstunde an Gottes Adresse. Er allein kann ihn (sc. Jesus) retten" (Berger, Wozu 1998, 149).

4. Resümee

Der Kreuzigungsbericht, so können wir resümieren, ist kein historisches Protokoll, sondern von Anfang an ein gedeutetes Geschehen. Zur Deutung werden die Klagepsalmen Ps 22 und 69 herangezogen, wobei mit Ausnahme des Zitats von Ps 22,2a in Mk 15,34a mit sprachlichen/motivlichen Anspielungen operiert wird. Diese Anspielungen liegen auf unterschiedlichen Textebenen: auf der *Ebene des Erzählers des Evangeliums*, der die Psalmensprache als seine eigene gebraucht (Mk 15,24.29.30f.34b[Übersetzungsformel].36), auf der *Ebene der Hauptfigur der Erzählung* (Jesus), die ebenso wie der Erzähler die Sprache der Psalmen als ihre eigene verwendet (Mk 15,34a, vgl. Mk 14,18.34.38.62) und schließlich auf der *Ebene der Nebenfiguren*, die die Psalmen aus eigener Kompetenz sprechen (Mk 11,9f). Charakteristisch für die Verwendung der Psalmen in der Markuspassion ist demnach der Sachverhalt, dass die alttestamentlichen Texte „nie als Teiltexte gekennzeichnet und daher nie wie Texte anderer Herkunft" behandelt werden, sondern „stets als integrale Elemente des vom Autor Markus gebotenen Textes" (Löning, Funktion 1998, 271) fungieren, die in die Erzählung einfließen und diese im Horizont der religiösen Erfahrungen Israels deuten. So konnte die Urgemeinde unter Rekurs auf die Psalmen Israels „... sprachlich ‚fassen', was an Jesu Leben und Tod unfaßbar war. [...] Die erste Deutereaktion auf das Schicksal Jesu war jedenfalls von jener jüdischen Klage-Spiritualität evoziert, welche der Sterbende wie auch die Hinterbliebenen aus ihrer jüdischen Tradition her nicht nur kannten, sondern lebten. Jesus war der zu Gott im Vertrauen klagende Arme und Gerechte, den Gott erhört und den er aus der Not erretten wird, zunächst gegen jeglichen Augenschein." (Fuchs, Klage 1995, 492)

So gesehen ist die Zitation von Ps 22,2 im markinischen Kreuzigungsbericht ein aufschlussreicher hermeneutischer Hinweis. Denn die Bezugnahme auf die Psalmen, die nicht zufällig, sondern von Markus bzw. von der vormarkinischen Tradition intendiert ist und die die Rahmenbedingung für die Formulierung des Auferweckungsglaubens darstellt, zeigt, dass „die neutestamentliche Christologie [...] weithin ‚Psalmen-Christologie' (ist)" (Zenger, Psalmen/Einleitung ^{4}2001, 326). Die Bedeutung der alttestamentlichen Klagespiritualität für das christliche Verständnis von Tod und Auferweckung Jesu ist demnach die Grundlage dafür, dass die Klagepsalmen ein integraler Bestandteil des christlichen Gebets sind. Anders gesagt: „Ohne das Alte Testament wäre das Neue Testament ein Buch, das nicht entschlüsselt werden kann, wie eine Pflanze ohne Wurzeln, die zum Austrocknen verurteilt ist." (Nr. 84/161). Es scheint an der Zeit, dass diese – keineswegs neue – Einsicht in Theologie und Kirche wieder zur Geltung kommt.

Zugrunde liegende und weiterführende Literatur

BERGER, Klaus, Wozu ist Jesus am Kreuz gestorben?, Stuttgart 1998.
EBNER, Martin, Klage und Auferweckungshoffnung im Neuen Testament, in: JBTh 16 (2001) 73-87.
FUCHS, O., Art. Klage, in: NBL 2 (1995) 489-493.
GESE, Hartmut, Psalm 22 und das Neue Testament, in: DERS., Vom Sinai zum Zion, München ³1989, 180-201.
HERZER, Jens, Freund und Feind, in: Leqach 1 (2001) 107-136.
JANOWSKI, Bernd, Konfliktgespräche mit Gott. Eine Anthropologie der Psalmen, Neukirchen-Vluyn 2003.
LÖNING, Klaus, Die Funktion des Psalters im Neuen Testament, in: ZENGER, Erich (Hg.), Der Psalter in Judentum und Christentum (= HBS 18), Freiburg 1998, 269-295.
ZENGER, Erich, Das Buch der Psalmen, in: DERS. u.a., Einleitung in das Alte Testament, Stuttgart u.a. ⁴2001, 309-326.

VII.
Daniela Kranemann – Benedikt Kranemann
„In der Glaubenserfahrung Israels verwurzelt" – Das jüdische Volk und seine Heilige Schrift im Gottesdienst der Kirche

Besitzt ein Dokument der Päpstlichen Bibelkommission, das nach dem jüdischen Volk und seiner Heiligen Schrift in der christlichen Bibel fragt, sich mithin innerbiblischen Fragen widmet, Aussagekraft für den Gottesdienst der Kirche? Wer die Diskussion, die in den letzten Jahren über die Rolle des Alten Testaments in der christlichen Liturgie geführt worden ist, verfolgt hat, wird das römische Dokument auch mit Blick auf den Gottesdienst sicherlich mit Interesse lesen und manche aufregende Entdeckung machen. Die folgenden Anmerkungen zeigen, welchen Wert seine Aussagen für das Bemühen besitzen, die Bedeutung des Alten Testaments in den verschiedenen gottesdienstlichen Feiern zu stärken. Sie machen darauf aufmerksam, wo die Liturgie durchaus Eigenständiges beitragen kann, wenn von der zweieinen Bibel der Christen die Rede ist, formulieren aber – immer aus der Perspektive der Liturgie bzw. der Liturgiewissenschaft – auch einige Anfragen.

1. Das Alte Testament im Gottesdienst der Kirche – eine Bestandsaufnahme

Die Verkündigung der Schriften des Alten und Neuen Testaments ist durch die Liturgiereform des II. Vatikanischen Konzils immens gestärkt und wieder als ein eigenständiges, bedeutsames Feiergeschehen konturiert worden. Das gilt nicht nur für den Wortgottesdienst der Messfeier, sondern für alle sakramentlichen Feiern. Nachdem die Schriftlesung über Jahrhunderte ein regelrechtes „Nischendasein" geführt hatte, wurde sie nun als grundlegender und damit unverzichtbarer Bestandteil des Gottesdienstes erkannt und in sein Zentrum zurückgeführt. So heißt es in SC Art. 24: „Von größtem Gewicht für die Liturgiefeier ist die Heilige Schrift. Aus ihr werden nämlich Lesungen vorgetragen und in der Homilie ausgedeutet, aus ihr werden Psalmen gesungen, unter ihrem Anhauch und Antrieb sind liturgische Gebete, Orationen und Gesänge geschaffen worden, und aus ihr empfangen Handlungen und Zeichen ihren Sinn." Diese Wiederentdeckung der Schrift bedeutete nicht nur eine quantitative Vermehrung gottesdienstlicher Lesungstexte, sondern beinhaltete zugleich auch eine qualitative Veränderung: Wo die Lesung aus dem Alten Testament zuvor eine Ausnahme darstellte, ist in den verschiedenen liturgischen Büchern und der Leseordnung der Messfeier heute ganz selbstverständlich auch dieser Teil der Bibel für die Verkündigung vorgesehen. Mehr noch: Die Wortverkündigung wird seit dem Konzil und in Rückgriff auf älteste Traditionen wieder als Gegenwartsweise Gottes im Wort interpretiert (vgl. AEM Art. 27). Damit ist ausdrücklich die *gesamte* „zwei-eine" Schrift gemeint (vgl. dazu auch DV Art. 16; PEM Art. 5). Dies ist bislang theologisch wenig reflektiert worden, für die Wertigkeit des Alten Testaments in Liturgie und Kirche jedoch von erheblicher Bedeutung. Von der Liturgie her lässt sich deshalb die theologische Grundaussage des römischen Dokuments untermauern, vor allem wenn es heißt, dass es im einen wie im anderen Testament derselbe Gott sei, der mit den Menschen in Beziehung trete und sie einlade, in Gemeinschaft mit ihm zu leben (vgl. Nr. 85/162).

Zeigt sich diese theologische Vision von der Präsenz Gottes im Wort nun auch in der gegenwärtigen *liturgischen Praxis*? Konkreter gefragt: Ist das Alte Testament tatsächlich zum festen Bestandteil des gottesdienstlichen Verkündigungsgeschehens geworden? Gilt also auch für den christlichen Gottesdienst, was nach Aussage des Dokuments für das Neue Testament grundlegend ist: die tiefe Verwurzelung in der langen Glaubenserfahrung Israels, wie sie sich in den Büchern des Alten Testaments widerspiegelt (vgl. Nr. 3/16)?

Die neueren Diskussionen um das Alte Testament in der Liturgie belegen, dass diese Fragen keineswegs uneingeschränkt bejaht werden können. Hingewiesen sei etwa auf die in Deutschland weit verbreitete Praxis, die alttestamentliche Lesung im Wortgottesdienst der sonntäglichen Messfeier unter den viel zitierten „Tisch des Gotteswortes" (SC Art. 51) fallen zu lassen oder den Gebetsschatz des Psalters zugunsten alternativer Lieder aufzugeben. An dieser Praxis ist nicht nur eine mehr oder weniger bewusste Vernachlässigung des Alten Testaments ablesbar; sie tangiert zugleich die im Konzil wieder entdeckte liturgietheologische Dignität des Wortgottesdienstes – schließlich steht in seinem Zentrum ein *Verkündigungsgeschehen*, das nicht einfach beliebig zur Disposition gestellt werden darf. Beide Teile der christlichen Bibel sind im Verkündigungsgeschehen eng, ja untrennbar aufeinander verwiesen. Insofern lohnt es sich, eine zentrale Aussage des römischen Dokuments einmal hinsichtlich ihrer liturgietheologischen Konsequenzen zu befragen: „Ohne das Alte Testament wäre das Neue Testament ein Buch, das nicht entschlüsselt werden kann, wie eine Pflanze ohne Wurzeln, die zum Austrocknen verurteilt ist." (Nr. 84/161)

Entsprechend hat sich die innertheologische Diskussion, die im Laufe der letzten Jahre über das Alte Testament in der Liturgie geführt wurde und keineswegs als abgeschlossen zu betrachten ist, über grundsätzliche Fragen hinaus verschiedenen Einzelthemen gewidmet. Das Spektrum reicht von einer theologisch sinnvollen Konzeption der Leseordnung über die Frage nach einer sachgerechten Einbindung von alttestamentlichen Motiven in die Gebetsgattung „Hochgebet" bis hin zur Psalmrezeption im Gottesdienst. Die durch das Konzil erlangte Wiedergewinnung des ersten Teils der christlichen Bibel für die Liturgie wird dabei durchweg positiv gewürdigt. Dennoch werden auch gewichtige Anfragen – etwa an die Messfeier – gestellt, die durchaus mit den Ausführungen der Päpstlichen Bibelkommission in Einklang stehen. Ist der Umgang mit dem Alten Testament in den Lesungen und mit Blick auf das Zueinander von Altem und Neuen Testament theologisch angemessen? Überzeugt die Auswahl der Texte oder ist sie nicht doch oftmals recht beliebig? Lässt das Zeremoniell des Wortgottesdienstes biblische Schriften im Dialog erkennen oder werden das Alte Testament wie auch die neutestamentliche Brieflesung, die in der jüngsten Diskussion noch wenig berücksichtigt wird, zugunsten des Evangeliums herabgesetzt? Müssten die liturgischen Texte, insbesondere die Gebete, nicht auch stärker von der Sprache und Theologie des Alten Testamentes inspiriert und geprägt sein? Und nicht nur auf die Messe bezogen: Kann eine Liturgie langfristig auf ein „Lebensbuch" wie den Psalter verzichten, ein Buch also, in dem sich die Höhen und Tiefen menschlicher Existenz ausdrücken?

Zu dieser vielschichtigen Diskussion kann das vorliegende Dokument durchaus als wichtiger Beitrag gelesen werden, wie die folgenden Überlegungen zeigen sollen.

2. Der Beitrag des Dokuments zur theologischen Diskussion um das Alte Testament in der Liturgie

Das Dokument der Päpstlichen Bibelkommission nimmt wichtige Grundanliegen der neueren theologischen Diskussion um das Alte Testament auf. Im Kern geht es darum, die Bedeutung des Alten Testaments für christliche Identität theologisch zu begründen und thematisch zu entfalten. Zwar geht das Dokument an keiner Stelle ausführlich auf die Liturgie bzw. auf die liturgischen Konsequenzen, die sich aus einer neuen christlichen Wertschätzung des Alten Testaments ergeben könnten, ein. Die Folgen für die Liturgietheologie wie für die Liturgiepraxis liegen jedoch unmittelbar auf der Hand, nicht zuletzt deswegen, weil der Gottesdienst als zentraler Ort christlicher Glaubensäußerung anzusehen ist. Insofern kann das Dokument als impliziter Beitrag zu dieser Fragestellung gelesen werden.

2.1 Die Unverzichtbarkeit des Alten Testaments für die christliche Liturgie

Das erste Kapitel des Dokuments trägt die Überschrift: „Die Heilige Schrift des jüdischen Volkes als grundlegender Bestandteil der christlichen Bibel". Auf der Basis des dort Gesagten soll im Folgenden das Alte Testament – die Heilige Schrift Israels wie der Kirche – als grundlegender Bestandteil der christlichen *Liturgie* in den Blick genommen werden.

Die Autoren des Dokuments behandeln zunächst einen geschichtlichen Tatbestand: die alttestamentlich-jüdischen Wurzeln christlicher Identität. Diese Wurzeln verweisen, auch das wird ausdrücklich betont, nicht allein zurück in eine ferne Vergangenheit, sondern nähren christliche Existenz bis in die Gegenwart hinein. Dies zeige sich in der fortdauernden „Annahme der Heiligen Schriften des jüdischen Volkes [...] als Wort Gottes" (Nr. 2/15). Hierbei ist nicht nur daran zu denken, dass die Kirche von Anfang an die Schriften des Alten Testaments in ihren Schriftenkanon aufgenommen und bis heute als ersten Teil der zweieinen christlichen Bibel bewahrt hat. Es sind vielmehr die gottesdienstlichen Feiern, durch die Christen bis heute zu Hörern dieses Gotteswortes werden und sich damit die Annahme dieses Gotteswortes je neu aktualisiert. Insofern muss die Lesung der alt- und neutestamentlichen Schriften in der Tat als unverzichtbarer Bestandteil christlicher Liturgie gelten. Die jetzige Leseordnung bietet hier grundsätzlich gute Chancen und Möglichkeiten. Die Auslassung biblischer (und das bedeutet in der Praxis häufig alttestamentlicher) Texte aus „pastoralen Erwägungen" (vgl. AEM Art. 318; PEM Art. 79) oder ihre (teilweise) Ersetzung durch scheinbar „zeitgemäßere" Texte birgt hingegen die große Gefahr, die Bibel als Grunddokument christlichen Glaubens leichtfertig aufs Spiel zu setzen und damit christliche Identität selbst um entscheidende Dimensionen zu verkürzen.

Dagegen hält das für christliches Selbstverständnis konstitutive Zeugnis des Neuen Testaments – auch darauf weist das Dokument hin – die bleibende Autorität des Alten Testaments wie seine Übereinstimmung mit ihm fest (vgl. Nr. 3-8/16-23; Nr. 64/118f). Dies zeigt sich nicht zuletzt in der Einbindung des Neuen Testaments in ein dichtes Beziehungsgeflecht von Motiven und Themen alttestamentlicher Schriften und seine Vertrautheit mit jüdischen Methoden der Schriftauslegung (vgl. Nr. 12-15/28-32, bes. Nr. 15/31f). Mehr noch: Die enge Verbundenheit von Altem und Neuem Testament konstituiert eine lebendige Beziehung: „Auf der einen Seite will das Neue Testament im Lichte des Alten gelesen werden, auf der anderen Seite lädt es aber auch dazu ein, das Alte Testament im Lichte Jesu Christi ‚neu zu lesen' (vgl. Lk 24,45)" (Nr. 19/38; ähnlich auch Nr. 21/43). Diese durchweg positive Würdigung des Alten Testaments müsste auch Anliegen der Liturgie sein, die dem aber nicht immer gerecht wird. Dies gilt auch und gerade für den gottesdienstlichen Schriftgebrauch. So fehlen im liturgischen Schriftenkanon der Sonntagsmesse wichtige Texte wie z.B. die Kain- und Abel-Geschichte (Gen 4) oder gar ganze Bücher des Alten Testaments (z.B. Ri, Rut, Tob, Hld, Klgl u.a.m.). Nicht wenige alttestamentliche Lesungen sind durch Textverkürzungen oder Versauslassungen in ihrem Sinnpotential z.T. erheblich eingeschränkt. Auch zeigen lang verfestigte Muster einer theologischen Ab- oder gar Herabsetzung des Alten Testaments als unvollkommenes Vorausbild oder gar Kontrastfolie gegenüber der Botschaft des Neuen Testaments bis heute ihre Spuren in der Auswahl und Zuordnung alttestamentlicher Lesungstexte. Die übergreifende „*Gesamtdynamik*" der zweieinen Bibel, die das Dokument als eine sich immer wieder neu offenbarende Dynamik der göttlichen Liebe beschreibt (vgl. Nr. 86/165), wird also auch in der Liturgie noch zu wenig wahr- und ernstgenommen.

Die hier aufgezeigten Probleme hatte bereits das Vorgängerdokument der Päpstlichen Bibelkommission andeutungsweise benannt (vgl. VAS 115, IV C1, S. 106f). Demnach entspricht die gegenwärtige Leseordnung nur „teilweise" dem Konzilsprogramm, eine reichere, mannigfaltigere und passendere Ausgestaltung der Schriftlesungen in liturgischen Feiern zu ermöglichen (vgl. ebd. S. 107 mit Bezug auf SC Art. 35). Auch sei die typologische Lesart des Alten Testaments, die Personen oder Ereignisse als Vorboten kommender Wirklichkeiten darstellt, „nicht die einzige mögliche Art, die Heilige Schrift zu lesen" (VAS 115, IV C1, S. 106). Das neue Dokument der Päpstlichen Bibelkommission wird hier noch deutlicher: es warnt etwa mit Blick auf eine christliche Lektüre der alttestamentlichen Prophetien vor einer Überbetonung des Weissagungsbeweises und damit vor einer verkürzenden Verheißungs-Erfüllungsdynamik. Dagegen sei die eschatologische Dimension des christlichen Glaubens lebendig zu erhalten (vgl. Nr. 21/42f) – eine Forderung, die sich nicht zuletzt auf das Zeugnis des Neuen Testaments stützen kann, das bekanntermaßen mit dem Maranatha-Ruf endet (Offb 22,20). Ist es unter diesem Aspekt zu rechtfertigen, dass die Leseordnung der gesamten Osterzeit auf Lesungen aus dem Alten Testament verzichtet?

Über die streng auf den Bibel*text* bezogenen Probleme hinaus wäre auch das Zeremoniell des Wortgottesdienstes zu überdenken. Insbesondere ein achtloser Umgang mit dem Lektionar gegenüber dem – zumeist auch prächtiger gestalteten – Evangeliar erzeugt einen symbolischen Bruch zwischen der Verkündigung der Lesungen einerseits und des Evangeliums andererseits. Ein einziges liturgisches Buch, etwa eine Lesungsbibel, die den gesamten Bibeltext enthält und die Perikopen des jeweiligen Sonntags typographisch sichtbar macht, wäre dagegen ein sprechendes Zeichen für die Einheit der Schrift im Rahmen des liturgischen Verkündigungsaktes.

Solange eine bei den genannten Problemen ansetzende Reform der Leseordnung Desiderat bleibt, gilt es, die Präsenz der Heiligen Schrift im Gottesdienst der Kirche im Rahmen der bereits bestehenden Möglichkeiten voll zur Geltung zu bringen. Über eine unverkürzte und symbolisch stimmige Schriftverkündigung und ein Bewahren bzw. Wiederbeleben der Psalmodie hinaus müsste auch das Gesamtgefüge des christlichen Gottesdienstes stärker wahrgenommen werden. Die Homilie wäre der Ort, das „intertextuelle Gefüge", das allein schon die verschiedenen Verkündigungstexte erzeugen, sichtbar zu machen und auf die Situation der Gegenwart hin zum Sprechen zu bringen. Nimmt man das Alte Testament als wesentliches Element christlicher Identität ernst, könnte und müsste den alttestamentlichen Texten auch in der Predigt die nötige Aufmerksamkeit zuteil werden, und dies nicht nur zahlenmäßig häufiger, sondern v.a. auch mit exegetischer Sensibilität für die gemeinsamen Grundthemen, die Altes und Neues Testament untrennbar zusammenbinden. Hierfür liefert nicht zuletzt das vorliegende Dokument in seinem Hauptteil („Grundthemen der Schrift des jüdischen Volkes und ihre Aufnahme im Glauben an Christus", Nr. 19-65/37-121) eindrucksvolles Belegmaterial.

Doch das angedeutete „intertextuelle Gefüge" des Gottesdienstes bietet noch weit mehr Möglichkeiten. Insbesondere die auf die Verkündigung des Wortes Gottes antwortenden Vollzüge, der *Gesang* und das *Gebet* der Gemeinde, eröffnen ein weiteres Feld liturgischer Schriftrezeption. Zu nennen sind hier auch der (allerdings weitgehend vergessene) Introitusvers, das Sanctus-Benedictus oder Segenstexte wie etwa der aaronitische Segen (Num 6,24-26; vgl. MB [1975] S. 548), allesamt Texte aus der Heiligen Schrift, die die Gottesdienstfeier rahmen und gliedern. Sie bedürfen keiner weit ausholenden Erklärung, wohl aber eines v.a. ästhetisch ansprechenden Vollzugs, um aus sich heraus sprechen zu können. Die biblische Signatur des Gottesdienstes kann ebenfalls zum Tragen kommen, insofern dort, wo bei Lied- oder Gebetstexten Auswahl- und Gestaltungsmöglichkeiten bestehen, Texte mit biblischen und d.h. eben auch alttestamentlichen Motiven verwendet werden. Dies legt sich in besonderem Maße nahe, wo sich diese Texte in das Geschehen von Wortverkündigung und -auslegung stimmig einfügen. Ferner ist etwa das *Fürbittgebet* der Ort, an dem die drängenden Anliegen der Gegenwart je neu *im Licht des verkündeten Gotteswortes* vor Gott zur Sprache gebracht werden können.

Eine Liturgie, die sich als Ganze aus den Quellen des göttlichen Verheißungswortes speist, ermöglicht so Identifikation mit scheinbar vergangenen Heilstaten Gottes: wie Gott in seiner unverbrüchlichen Treue an Abraham und Sara, an dem Volk Israel in der Wüste und an den Jüngern Jesu heilvoll gehandelt hat, so handelt er auch hier und jetzt an uns – dies müsste den Mitfeiernden in jeder Gottesdienstfeier neu gegenwärtig werden. „Wie diese ... so auch wir" – dies wäre die glaubensexistentielle Kurzformel, die

die Unsinnigkeit jeglicher Herabsetzung des Alten Testaments gegenüber dem Neuen offenkundig macht und zugleich von der Liturgie her den Boden bereitet für ein grundlegend erneuertes, positives Verhältnis von Christen zur Gottesoffenbarung im Alten Testament!

Die hier angedeuteten Linien einer Bedeutung der zweieinen christlichen Bibel für den Gottesdienst der Kirche sollen nun – analog zum Dokument der Päpstlichen Bibelkommission – anhand einzelner „Grundthemen" weiter ausgezogen werden.

2.2 Die „Grundthemen" des Alten Testaments und ihre Bedeutung für die Liturgie

Wie schon erwähnt, trägt das Dokument in seinem zweiten Teil „Grundthemen der Schrift des jüdischen Volkes" zusammen, die „Aufnahme im Glauben an Christus" gefunden haben (vgl. Nr. 19-65/37-121). Anhand einzelner Grundthemen soll gezeigt werden, inwieweit diese zugleich als Fundament für eine biblisch geprägte Theologie der christlichen Liturgie dienen können.

Das Dokument setzt ein mit dem zweifellos entscheidenden Thema der „Offenbarung Gottes". Sie ist die Möglichkeitsbedingung dafür, überhaupt von und zu Gott sprechen zu können. Wenn hier die Offenbarung Gottes *im Wort* an erster Stelle behandelt und von der Offenbarung an Israel bis hin zur Offenbarung in Jesus Christus durchbuchstabiert wird (vgl. Nr. 23/45f), so ist dies gerade im Hinblick auf Theologie und Praxis des Wortgottesdienstes und die Stellung der alttestamentlichen Schriftlesung darin von allergrößtem Gewicht. In der gottesdienstlichen Schriftverkündigung wird die Wirkmacht dieses göttlichen Wortes je neu Gegenwart; diese Verkündigung ist damit unverzichtbar und – bei aller besonderen Wertschätzung des Evangeliums – auch nicht teilbar in wichtige und weniger wichtige, d.h. dispensable Texte.

Gerade hier sind die (sonntäglichen) Wortgottesfeiern gefordert, die angesichts des Priestermangels zunehmend an Bedeutung gewinnen. Das aus diesem Anliegen heraus für die Kirche der Schweiz entwickelte Vorsteherbuch für Wortgottesfeiern ist ein gelungenes Beispiel dafür (Liturgisches Institut Zürich, Wortgottesfeier, 1997). Es formuliert die „Vertiefung der biblischen Spiritualität" als eine zentrale Leitlinie solcher Wortgottesfeiern (vgl. ebd. 6) und schreibt folgerichtig eine vollumfängliche Schriftlesung vor (vgl. ebd. 12). Die eigens für diese Feiern geschaffenen Feierlichen Lobpreisgebete (vgl. ebd. 33-50) preisen Gott „für das Wort der Heiligen Schrift und die Heilsgeheimnisse" (vgl. ebd. 12). Hervorzuheben ist in diesem Zusammenhang das Lobpreisgebet I, das eine an alt- und neutestamentlichen Heilsereignissen entlanggehende, doxologische Wort-Gottes-

Theologie entfaltet. Es steht unter der vergegenwärtigenden Aktualisierung des in beiden Testamenten bezeugten Wortes:
„Der Mensch lebt nicht vom Brot allein, sondern von jedem Wort aus Gottes Mund" (vgl. Dtn 8,3; Lk 4,4)
und fährt fort:
„Denn durch dein Wort hast du die Welt erschaffen; durch dein Wort alles ins Leben gerufen." (Akklamation)
„Auf dein Wort hast du den Bund mit Israel gegründet. Du hast Mose das Wort deiner Treue anvertraut als Halt und Weisung für dein Volk, als Kraft und Stärke für dein Erbe." (Akklamation)
„Du hast die Propheten berufen als Künder deiner Liebe. Durch dein Wort mahnten sie das Volk zu Umkehr und Busse, sagten an dein gerechtes Gericht, spendeten Trost in Not und Bedrängnis." (Akklamation)
„Dein Wort hat Israels Sänger bewegt und sie erfüllt mit dem Geist des Gebetes. Deine Weisheit haben sie bekundet, uns gelehrt, deinen Namen zu preisen." (Akklamation)
„In der Fülle der Zeiten hast du deinen Sohn gesandt: Das ewige Wort am Herzen des Vaters. Gnade und Wahrheit kamen durch ihn. Geist und Leben sind seine Worte." (Akklamation)
„Um das Werk deines Sohnes zu vollenden, hast du den Heiligen Geist ausgegossen, damit er uns alles lehre und uns stärke zum Zeugnis des Glaubens." (Akklamation)
„Wir preisen dich für dein Wort und danken dir für dein Wirken. Ja, dir gebührt unser Lob, dir unser rühmendes Lied. Dir, o Gott, sei Ehre und Ruhm, jetzt und immer und in Ewigkeit." (ebd. 33-35)

Wo im Anschluss an die Verkündigung des *einen* Wortes Gottes so gebetet werden kann, entsteht ein in sich stimmiges Wechselspiel von Verkündigungswort und Gebetsantwort und wird zugleich Zeugnis abgelegt für die unverwechselbare Würde des jüdischen Volkes und seiner Heiligen Schrift!

Unter dem Offenbarungsparadigma wird noch ein zweiter, für den christlichen Gottesdienst nicht weniger bedeutsamer Aspekt verhandelt: die *Einheit und Einzigkeit Gottes*, die mit Dtn 6,4 den Kernsatz des jüdischen Gottesbekenntnisses bildet (vgl. Nr. 24/46f). Das Dokument betont, dass dieses Bekenntnis im Neuen Testament „auch dort entschlossen festgehalten [wird], wo Jesus als Sohn anerkannt wird (Röm 1,3-4), der mit dem Vater eins ist (Joh 10,30; 17,11)" (Nr. 24/47). Insofern sind gerade liturgische Texte (Hymnen, Formeln etc.) immer wieder auch daraufhin zu prüfen, ob sie unmissverständlich am biblischen Monotheismus festhalten. Wenn etwa die Benediktiner auf dem Zionsberg in Jerusalem die parataktische trinitarische Doxologie: „Ehre sei dem Vater *und* dem Sohn *und* dem Heiligen Geist" ergänzen um die Apposition: „dem *einen* Gott von Ewigkeit zu Ewigkeit", dann ist deutlich, dass der christliche Lobpreis umfangen ist vom unteilbaren Bekenntnis zum einen und einzigen Gott. Die im Dokument angesprochene Verpflichtung an das monotheistische Bekenntnis wird nicht allein bibeltheologisch begründet. Interessanterweise findet sich hier der Hinweis auf das „Sch'ma Jisrael" (Dtn 6,4), das ‚Herzstück' jüdischen Gebets (vgl. Nr. 24/47). An dieser keineswegs nur rückwärts gewandten, sondern gerade auch gegenwartsbezogenen Reminiszenz an das Judentum und den jüdischen Gottesdienst wird ein weiterer wichtiger Aspekt deutlich, der das ganze Dokument in seiner Grundanlage entscheidend mitbestimmt: die Wahrnehmung der „zweifachen Nachgeschichte" der Schriften des Alten Testaments in Gestalt der jüdischen und der christlichen Kanonbildung und der daraus erwachsenen zweigeteilten Lese- und Auslegungsgeschichte (vgl. Nr. 22/44). Entsprechend hält bereits der Grundlagenteil fest, dass sich Judentum und Christentum „im gemeinsamen Erbe der ‚Heiligen Schrift Israels'" begegnen (Nr. 11/27). Insofern das Dokument also auch als Beitrag zum christlich-jüdischen Gespräch gelesen werden will (vgl. Nr. 86f/163-167), stellt sich unmittelbar die Frage, wo dieses Anliegen zur Sprache kommt und inwieweit es sich von der Liturgie her unterstreichen und weiterführen lässt.

Über die bereits genannte Verpflichtung an das von Israel übernommene monotheistische Bekenntnis hinaus erarbeitet das Dokument unter den „Grundthemen" eine bibeltheologische Klärung zentraler theologischer Begriffe (und der mit ihnen verbundenen theologischen Sachzusammenhänge), die gerade gegenüber dem Judentum von größter Bedeutung sind. Exemplarisch greifen wir im Folgenden den Passus über die Erwählung Israels (Nr. 33-36/63-71) und die biblische Bundestheologie (Nr. 37-42/71-80) heraus, da hier auch innerliturgisch, etwa hinsichtlich der Gebetstheologie mancher Hochgebete, noch Klärungsbedarf besteht.

Hinsichtlich der (Erst-)Erwählung und -Berufung Israels zum Gottesvolk arbeiten die Autoren des Dokuments klar heraus, dass Altes wie Neues Testament an dieser einzigartigen Erwählung festhalten, „denn unwiderruflich sind Gnade und Berufung, die Gott gewährt" (Nr. 39/69 [= Röm 11,29]). Die paulinische Theologie in Röm 9-11 wird hier breit in Anspruch genommen (Nr. 39/69f; vgl. auch Nr. 86f/163-167), doch kommen auch andere erwählungstheologische Aussagen des Neuen Testaments zur Sprache wie z.B. 1 Petr 2,9 („Ihr aber seid ein auserwähltes Geschlecht, eine königliche Priesterschaft, ein heiliger Stamm, ein Volk, das Gottes besonderes Eigentum wurde ...") – eine Aussage, die sich übrigens ähnlich in einigen Gebetstexten des Messbuches wiederfindet (z.B. in der Präfation für die Sonntage im Jahreskreis I, vgl. MB [1975] 398f). Hinsichtlich des Verhältnisses von Israel und Kirche werden diese Aussagen positiv im Sinne der Partizipation interpretiert: die Kirche hat in Christus *Anteil* am göttlichen Erwählungshandeln erhalten (vgl. Nr. 35f/68f). Negativen theologischen Deutemodellen, die etwa eine Ablösung und Ersetzung Israels durch die Kirche behaupten, wird dagegen – auch unter Berücksichtigung eines durchaus problembehafteten Textes wie Mt 21,33-43 (Gleichnis von den bösen Winzern) – eine Absage erteilt. Damit liegt das Dokument klar auf der Linie der in NA Art. 4 formulierten kirchlichen Glaubensnorm (vgl. dazu auch Nr. 86/163f). Es kann zugleich auch Impulse für eine noch stärker biblisch geprägte Sprache der Liturgie freisetzen. So könnte beispielsweise die hier vorgelegte differenzierte Interpretation des Volk-Gottes-Begriffs, die von der Solidarität der Kirche mit Israel spricht und jede Substitution zu vermeiden sucht (vgl. Nr. 65/120f), auf die Volk-Gottes-Theologie der Liturgie ausstrahlen.

Mit den Aussagen zur bleibenden Erwählung Israels hängen die zur Bundestheologie der beiden Testamente (vgl. Nr. 37-42/71-80) eng zusammen. Ein sachgemäßes Verständnis der biblischen Bundestheologie ist gerade auch mit Blick auf den Gottesdienst und das christliche Selbstverständnis von großer Bedeutung. Denn was bedeutet es, wenn z.B. im Kelchwort der Einsetzungsworte der „neue und ewige Bund" proklamiert wird? Wie verhält sich dieser Bund zum Bund Gottes mit Israel?

Um diese Fragen schriftgemäß beantworten zu können, ist es unabdingbar, den (zudem sehr vielschichtigen) *alttestamentlichen* Hintergrund der Bundestheologie wahrzunehmen. So ist insbesondere die Rede vom „Neuen Bund" in den Einsetzungsberichten des Neuen Testamentes – und damit auch im aktualisierenden liturgischen Vollzug – von der prophetischen Vision in Jer 31,31-34 inspiriert. Im Horizont des Christusereignisses bedeute dies, so die Autoren des Dokuments, dass sich die jeremianische Prophetie in Jesu Leiden „erfüllt" habe und mit der Teilnahme am „Mahl des Herrn" zugleich Teilhabe an dieser „Erfüllung" ermöglicht werde (Nr. 40/77). Auch an dieser Stelle hätte vielleicht noch stärker das im Dokument selbst formulierte Anliegen zur Geltung gebracht werden können, gegenüber einer allzu einseitigen Überbetonung des Verheißungs-Erfüllungs-Schemas Vorsicht walten zu lassen (vgl. Nr. 21/42!). So hätte man mit 1 Kor 11,2-6: „Sooft ihr von diesem Brot esst und aus dem Kelch trinkt, verkündet ihr den Tod des Herrn, *bis er kommt*" (und der analog dazu formulierten Gemeindeakklamation im Eucharistiegebet: „Deinen Tod, o Herr, verkünden wir, und deine Auferstehung preisen wir, *bis du kommst* in Herrlichkeit") die *eschatologische Spannung* herausarbeiten können, die auch in der Erfüllung des Sinaibundes durch Christus begründet ist. Was die Frage des Gottesbundes mit Israel anbetrifft, wird das Fehlen dieses Aspektes allerdings durch andere Aussagen aufgewogen, so insbesondere die aus der biblischen Bundestheologie gewonnene Schlussfolgerung: „Israel steht weiter zu Gott in einer Bundesbeziehung, denn der Verheißungsbund ist endgültig und kann nicht außer Kraft gesetzt werden." (Nr. 42/80; vgl. ähnlich Nr. 41/78). Diese wie die anderen positiven Aussagen des Dokuments zur Erwählung Israels untermauern somit ausgehend von der Schriftnorm noch einmal das, was die seit dem II. Vatikanum erneuerte Karfreitagsfürbitte für die Juden als genuin *liturgisches* Zeugnis festhält: Israel ist das zuerst erwählte Eigentumsvolk Gottes; seine fortdauernde Berufung ist es, in der Treue zur Tora und in der Heiligung des göttlichen Namens zu diesem Bund Gottes zu stehen; Israel ist – wie die Kirche – noch auf dem Weg zur Fülle der Erlösung, dessen konkrete Gestalt bis zu ihrem endgültigen Offenbarwerden in Gottes unergründlichem Ratschluss verborgen ist. Diese Anerkennung der Erwählung Israels, die die Kirche Jahr für Jahr im Zentrum ihres liturgischen Jahres vor Gott im Gebet zur Sprache bringt, könnte freilich auch innerliturgisch noch stärker zum Tragen kommen. Das vorliegende Dokument der Päpstlichen Bibelkommission ist insofern als wichtiger Anstoß zu verstehen, auf der Grundlage der Heiligen Schrift und im Gleichklang mit der Israeltheologie des Karfreitags die weitgehende „Israelvergessenheit" der christlichen Liturgie zu überwinden, sei es nun bei der Schriftverkündigung durch ein verstärktes Wahr- und Ernstnehmen der alttestamentlichen Botschaft, sei es bei der Theologie der Gebete, die das Heilshandeln Gottes an Israel nicht nur weitaus häufiger, sondern v.a. auch dem biblischen Zeugnis angemessener zur Sprache bringen müssten. Für den zuletzt genannten Aspekt ist die durch die Alttestamentler Georg Braulik und Norbert Lohfink angestoßene Kritik am Vierten Eucharistischen Hochgebet ein gutes Beispiel. Zwar sieht dieses Hochgebet eine recht ausführliche Vergegenwärtigung der alttestamentlichen Heilsgeschichte vor, dabei werden jedoch Israel, die Tora und der Sinaibund nicht eigens erwähnt. Entsprechend gehen die Vorschläge zum Vierten Hochgebet dahin, die knappe und pauschale Aussage des jetzigen Textes („Immer wieder hast du [= Gott] *den Menschen* deinen Bund angeboten und *sie* durch die Propheten gelehrt, das Heil zu erwarten") zu einer Israelanamnese auszuweiten. Der Text könnte dann etwa folgendermaßen lauten: „Immer wieder hast du [= Gott] dich den Menschen zugewandt. *Du hast deinem Volk Israel das Gesetz gegeben und am Sinai einen Bund mit ihm geschlossen.* Durch die Propheten hast du es gelehrt, das Heil zu erwarten." – Wenn es gelingt, so oder ähnlich „die großen Themen des Alten Testamentes und ihre ... Weiterführung im Neuen" auch in der Liturgie zu beheimaten, dann wird gewiss auch für eine größere Zahl von Christen die „eindrucksvolle Symbiose bewusst, die die beiden Teile der christlichen Bibel verbindet, und zugleich die überraschende Kraft der geistlichen Bande, die die Kirche Christi mit dem jüdischen Volk verknüpfen" (Nr. 85/162)!

3. Kritische Anmerkungen zum Dokument aus liturgiewissenschaftlicher Perspektive

Das Dokument der Päpstlichen Bibelkommission lässt sich, wie gezeigt, in vielfacher Hinsicht mit entsprechenden liturgiewissenschaftlichen Überlegungen ins Gespräch bringen; es ist zugleich für die Liturgiefeier hilfreich und anregend. Hier und dort ließen sich aus liturgiewissenschaftlicher Sicht Rückfragen stellen. Interessant wäre es vor allem, das Dokument auf die heutige Liturgie hin, die nicht eigentlich thematisiert wird, fortzuführen.

Gebet und Gottesdienst werden lediglich unter den gemeinsamen Grundthemen von Altem und Neuem Testament und hier zudem noch sehr allgemein zur Sprache gebracht. Das ist vom Thema des Dokuments her verständlich. Jedoch können Liturgiewissenschaftler darauf hinweisen, dass es wohl keinen anderen Ort der Kirche gibt, an dem die Gläubigen der einen Bibel so vielfältig begegnen wie eben in der Liturgie. Wortverkündigung aus beiden Teilen der Bibel prägt wesentlich die Liturgie, bedarf aber auch einer entsprechenden „Inszenierung", damit das aus den biblischen Schriften Verkündete seine Wirkung entfalten kann. Dafür sind die allgemeintheologischen wie die näherhin liturgietheologischen Voraussetzungen, die den Gottesdienst prägen müssen, aber auch die ästhetische Gestalt, in der sich Wortverkündigung ereignet, entscheidend. Von daher wäre es reizvoll, die Überlegungen des Dokuments auf Fragen des Alten Testaments in der Liturgie auszudehnen. Dann müsste zu den oben skizzierten Chancen wie Problemen der Leseordnung Stellung bezogen werden. Die theologische Bedeutung der alttestamentlichen Lesungen im katholischen Gottesdienst, die bis weit in die Ökumene hinein wahrgenommen wird, könnte vom Dokument her betont werden. Die sehr unterschiedlichen Weisen, das Alte Testament in die Liturgie „einzuspielen", wie Lesungen, aber auch Introitus, Orationen und Hochgebete, Kirchenlieder u.v.a.m. könnten als Formen der Schriftverkündigung neu gewichtet werden. Die charakteristische Intertextualität der Liturgie, also das Zusammenwirken der verschiedenen Texte und Vollzüge, die nicht nur, aber eben auch das Alte Testament in verschiedener Hinsicht einbindet, könnte das Fragetableau des Dokuments noch erweitern. Die verschiedenen biblischen „Einspielungen" müssten zugleich kritisch hinterfragt werden, wie sie sich zu Kontinuität und Diskontinuität von Altem und Neuen Testament, dann auch von Judentum und Christentum verhalten.

Manche Aussage des Dokuments könnte von der Liturgie her noch an Gewicht und Überzeugungskraft gewinnen, aber auch den Wert der Liturgie verdeutlichen und an diese kritische Rückfragen stellen. Wenn etwa mit Blick auf das Magnifikat und das Benedictus gesagt wird: „Niemals stellt das Neue Testament die Gültigkeit der dem Abraham zuteil gewordenen Verheißung in Frage" (Nr. 55/105), so drängt sich hier der Hinweis geradezu auf, dass diese Texte in der Tagzeitenliturgie tagtäglich gesungen werden und dadurch fortleben. Die in diesen Texten anklingende Verheißung Israels wird dort, wo diese Liturgie gefeiert wird, geradezu proklamiert. Vom Dokument her lassen sich einzelne Vollzüge der Liturgie besser, vielleicht sogar anders als gewohnt verstehen. Zugleich kann die Liturgie Eigenes zum Thema beisteuern. Hierzu zählt die Aussage, dass das in der Liturgie gefeierte Heilsgeschehen Gegenwart für die Gläubigen ist; sie werden in dieses Geschehen hineingenommen. Die Pastorale Einleitung in das Meßlektionar (PEM Art. 3) kommt zu der Aussage: „Dabei wird der Gottesdienst, der ganz aus dem Wort Gottes lebt, selbst zu einem neuen Heilsereignis. Er legt das Wort neu aus und läßt es neu wirksam werden." Wenig später heißt es, Christus selbst habe dazu aufgefordert, „alle Schriften zu ergründen vom ‚Heute' des Ereignisses her, das er selber ist." Die Ausführungen der Bibelkommission sind also nicht allein theologisch-theoretische Überlegungen, sondern betreffen implizit die Praxis christlichen Glaubens. Bedauerlich ist, dass der mannigfaltige Schriftgebrauch der Liturgie in den „Pastoralen Anregungen" (vgl. Nr. 86f/163-167) nicht angesprochen wird.

Auch die liturgietheologische Sicht des Alten Testaments wie des Judentums könnte mit Blick auf das Dokument zur Sprache kommen. So bestimmt das Mysterium des Pascha Christi, das gefeiert wird, das Lesen und Hören des Alten Testament, ein Gedanke, der dem Dokument der Bibelkommission nicht fremd ist. Zugleich formuliert die Karfreitagsfürbitte eine Israeltheologie, die um die bleibende Berufung Israels weiß und entsprechende Aussagen des Dokuments aus der Mitte des Kirchenjahres her bestätigen würde.

Ein Weiterdenken des Dokuments käme der Liturgie zugute und würde die seit dem Konzil gewonnene und auch die Liturgie prägende Anerkennung der Würde Israels verstärken. Schon jetzt bleibt aber als Resümee, dass das Dokument differenziert die Übereinstimmung und Kontinuität zwischen Altem und Neuem Testament wie zwischen der Heiligen Schrift des jüdischen Volkes und der christlichen Bibel herausstellt. Eine solche Theologie erfährt Affirmation durch die heutige katholische Liturgie.

Abkürzungen

AEM: Allgemeine Einführung in das Römische Meßbuch, in: SEKRETARIAT DER DEUTSCHEN BISCHOFSKONFERENZ (Hg.), Die Meßfeier – Dokumentensammlung. Auswahl für die Praxis (= Arbeitshilfen 77), 7., korr. Auflage, Bonn 1998, 7-89.
DV: Dogmatische Konstitution über die göttliche Offenbarung „Dei Verbum".

MB (1975): Die Feier der Heiligen Messe. Meßbuch. Für die Bistümer des deutschen Sprachgebietes. Authentische Ausgabe für den liturgischen Gebrauch, Einsiedeln u.a. ¹1975; ²1983.
NA: Erklärung über das Verhältnis der Kirche zu den nichtchristlichen Religionen „Nostra Aetate".
PEM: Pastorale Einführung in das Meßlektionar gemäß der Zweiten Authentischen Ausgabe des Ordo lectionum Missae (1981), in: SEKRETARIAT DER DEUTSCHEN BISCHOFSKONFERENZ (Hg.), Die Meßfeier – Dokumentensammlung 1998, 191-241.
SC: Konstitution über die Heilige Liturgie „Sacrosanctum Concilium".

Zugrunde liegende und weiterführende Literatur

FRANZ, Ansgar (Hg.), Streit am Tisch des Wortes? Zur Deutung und Bedeutung des Alten Testaments und seiner Verwendung in der Liturgie (= Pietas Liturgica 8), St. Ottilien 1997.
DERS., Wortgottesdienst der Messe und Altes Testament. Katholische und ökumenische Lektionarreform nach dem II. Vatikanum im Spiegel von Ordo Lectionum Missae, Revised Common Lectionary und Four Year Lectionary: Positionen, Probleme, Perspektiven (= Pietas Liturgica. Studia 14), Tübingen/Basel 2002.
KRANEMANN, Benedikt / STERNBERG, Thomas (Hg.), Wie das Wort Gottes feiern? Der Wortgottesdienst als theologische Herausforderung (= QD 194), Freiburg/Basel/Wien 2002.
KRANEMANN, Daniela, Israelitica dignitas? Studien zur Israeltheologie Eucharistischer Hochgebete (= MThA 66), Altenberge 2001.
LITURGISCHES INSTITUT ZÜRICH (Hg. im Auftrag der deutschschweizerischen Bischöfe), Die Wortgottesfeier. Der Wortgottesdienst der Gemeinde am Sonntag. Vorsteherbuch für Laien, Freiburg/Schw. 1997.
SEKRETARIAT DER DEUTSCHEN BISCHOFSKONFERENZ (Hg.), Die Meßfeier – Dokumentensammlung. Auswahl für die Praxis (= Arbeitshilfen 77), 7., korr. Auflage, Bonn 1998.
STEINS, Georg (Hg.), Leseordnung. Altes und Neues Testament in der Liturgie (= Gottes Volk, Sonderband), Stuttgart 1997.

VIII.
Franz Mußner
Impulse des Dokuments für die Auslegung von Röm 9-11

Im Dokument heißt es in Nr. 79: „Diese drei Kapitel des Römerbriefes bieten die tiefste Reflexion innerhalb des Neuen Testamentes über die Lage der Juden, die nicht an Jesus glauben. Paulus bringt hier sein Denken in der größten Reife zum Ausdruck" (Nr. 79/151). Meine jahrelange, intensive Beschäftigung mit Röm 9-11 kann die Richtigkeit dieser zwei Sätze des Dokuments nur bestätigen. Die Ausführungen des Apostels in Röm 9-11 sind überaus wichtig, weil es in diesen drei Kapiteln um die Frage geht: Was wird aus den Juden vor Gott? Sind sie für immer verloren, weil sie in ihrer großen Masse bis zum heutigen Tag Jesus und das Evangelium ablehnen? Und: Ist durch diese „Verstockung" Israels der christliche, Jahrhunderte während Antijudaismus der Kirche(n) legitimiert? Das Dokument geht, um eine Antwort auf diese Fragen zu finden, den Aussagen des Apostels in Röm 9-11 nach (vgl. dazu besonders die Nr. 41; 59; 65c; 79), bringt viele Zitate aus seinem Brief und macht dazu wichtige, weiterführende Bemerkungen.

I. Aussagen des Apostels über die Juden in Röm 9-11 im Dokument

1. „Welche Haltung nahm der Apostel gegenüber den Juden ein?", fragt das Dokument in Nr. 79/150. Es weist darauf hin, dass Paulus „stolz auf seine jüdische Herkunft" ist (Röm 11,1); er nennt in Röm 9,3 die Juden seine „Brüder, die der Abstammung nach mit mir verbunden sind". Des Weiteren werden wörtlich die bleibenden „Privilegien" Israels gemäß Röm 9,4-5 aufgezählt (Nr. 36/69-71). Freilich spricht das Dokument auch von der „Trauer" und dem „unablässigen Schmerz", die den Apostel angesichts der „Verstockung" seines Volkes Jesus und dem Evangelium gegenüber erfüllen (Nr. 79/151), was ihn aber veranlasst, über dieses Verstockungsmysterium in den drei Kapiteln Röm 9-11 seines Briefes an die christliche Gemeinde von Rom nachzudenken und die geheimnisvolle „Stellung Israels im Heilsplan Gottes im Licht Christi und der Schrift" zu erspüren. Nach dem Dokument (Nr. 59/111) gehört das „Versagen des auserwählten Volkes [...] zu einem paradoxen Plan Gottes: Es dient dem ‚Heil der Heiden'" (vgl. dazu Röm 11,11f). Die Juden „stießen sich am ‚Stein des Anstoßes'", den Gott in dem gekreuzigten Christus in der Welt aufgerichtet hat (Röm 9,32). „Sie sind gestrauchelt, aber nicht ‚zu Fall gekommen'"

(Röm 11,11) (siehe dazu Nr. 79). Zudem gibt es „in der gegenwärtigen Stunde [...] einen ‚Rest' von Israeliten, die an Jesus Christus glauben" (Nr. 79/151): die Judenchristen, zu denen auch der Apostel selbst gehört (Röm 11,1b.5). Dieser „Rest" allein ist ein Beweis dafür, dass „Gott sein Volk nicht verstoßen hat" (Röm 11,2). „Für Paulus garantiert das Vorhandensein dieses Restes die Hoffnung auf eine volle Wiederherstellung Israels" (Nr. 59/111 unter Verweis auf Röm 11,12.15; vgl. auch noch Nr. 79). „Verstockung liegt auf einem Teil Israels, bis die Heiden in voller Zahl das Heil erlangt haben; dann wird ganz Israel gerettet werden ..." (Röm 11,25f): Dies ist ein Zitat des Dokuments nach der „Einheitsübersetzung"; der griechische Urtext lautet richtig übersetzt: „und so wird ganz Israel gerettet werden", wobei der Ton auf „ganz" liegt. Nicht nur die an Christus glaubenden Judenchristen sind Gerettete, sondern auch die nicht an Christus und das Evangelium glaubenden, „verstockten" Juden werden vom Parusiechristus allein aus Gnade „gerettet werden". „Wenn schon ‚durch ihr Versagen die Heiden reich' wurden, ‚dann wird das erst recht geschehen, wenn ganz Israel zum Glauben kommt'" (Röm 11,12): so lautet die deutsche Übersetzung des Dokuments (Nr. 79/152). Wörtlich ist Röm 11,12 so zu übersetzen: „Wenn aber ihre Übertretung Reichtum (der) Welt (ist) und ihre Niederlage Reichtum der Heiden, um wieviel mehr ihre Vollzahl" (nämlich durch die Rettung ganz Israels). Trotz ihres „Unglaubens" an Christus, der einstweilen zum Ausbruch von „Zweigen" aus dem fetten Ölbaum führte (vgl. Röm 11,17a.20), bleibt das Volk „weiter ‚heilig', d.h. in enger Verbindung mit Gott. Es ist heilig, weil es aus einer heiligen Wurzel stammt, seinen Vorfahren, und weil seine ‚Erstlingsgabe' geheiligt wurde (11,16)" (Nr. 79/151). „Den abgeschnittenen Zweigen eröffnet Paulus einen positiven Ausblick: ‚Gott hat die Macht, sie wieder aufzupfropfen' (11,23)", nämlich in „ihren eigenen Ölbaum" (11,24) (Nr. 79/152); es geht freilich mit diesen Aussagen des Briefs nicht bloß um „einen positiven Ausblick", vielmehr um wahre Prophetie des Apostels, genau wie bei seiner Ansage: „*Ganz* Israel wird gerettet werden" in Röm 11,26. „Israel lebt weiter in einem Bundesverhältnis und ist weiterhin das Volk, dem die Erfüllung des Bundes verheißen ist, denn sein Mangel an Glauben kann die Treue Gottes nicht unwirksam machen (Röm 11,29). Selbst wenn Israeliten die Beobachtung des Gesetzes als Mittel benutzt haben, um ihre eigene Gerechtigkeit zu erwirken, kann der Verheißungsbund Gottes, der ganz Barmherzigkeit ist (Röm 11,26-27), nicht außer Kraft gesetzt werden" (Nr. 41/78f). Hier hätte wohl der ganze Text von Röm 11,28-31 zitiert und erläutert werden müssen, mit dem wichtigen Satz: „denn unbereubar (sind) die Gnadengaben und der Ruf Gottes" (11,29): Gott bereut nie den „Ruf", der einst an Abraham, den Stammvater Israels, ergangen ist, und er revoziert nie „die Gnadengaben", die er dem Volk Israel gewährt hat, unter ihnen besonders das Geschenk der Tora und seine Bundesschlüsse mit den Patriarchen, mit David und dem ganzen Volk. Die Heidenchristen ermahnt der Apostel, nicht hochmütig über die (verstockten) Juden zu denken; vielmehr sollte es ihnen stets bewusst sein, dass nicht sie „die Wurzel" tragen, vielmehr die Wurzel sie (11,18; Nr. 79/152). Die heidenchristliche Kirche ist nur „Mitteilhaberin an der Wurzel des fetten Ölbaums" (Röm 11,17b)! Deshalb bemerkt das Dokument mit Recht: „Fern davon, sich an die Stelle Israels zu setzen, bleibt sie mit ihm solidarisch" (Nr. 65/121, mit der Anmerkung dazu: „Niemals nennt das Neue Testament die Kirche ‚das neue Israel'. In Gal 6,14 bezeichnet ‚das Israel Gottes' vermutlich die Juden, die an Jesus Christus glauben." Anm. 301, S.121). Freilich „zeigt die Kirche das Bewusstsein, dass Christus ihr eine universale Öffnung verliehen hat im Sinne der Berufung Abrahams, dessen Nachkommenschaft sich jetzt erweitert zugunsten einer Sohnschaft, die auf den Glauben an Christus gründet (Röm 4,11-12)" (Nr. 65/121). Die Kirche trägt den geistlichen „Reichtum", der ihr als der Mitteilhaberin an der fetten Wurzel zugeflossen ist, in ihrer Mission hinein in die Völkerwelt. Der Apostel hofft „dabei auf einen Eifersuchtseffekt (11,11.14)" (Nr. 79/151), der nach der Meinung des Dokuments „bei den Juden das Verlangen wecken [könnte,] sich nicht länger übertreffen zu lassen, und würde sie dazu führen, sich gleichfalls diesem Glauben zu öffnen." (ebd.) Ob der Apostel bei dem „Eifersuchtseffekt" daran denkt, ist allerdings höchst ungewiss; vermutlich meint Paulus, dass die Juden „eifersüchtig" werden, wenn und weil sie sehen müssen, dass die Heiden die Gerechtigkeit Gottes ohne die Werke des Gesetzes empfangen (vgl. Röm 9,30; 10,19).

2. So bringt das Dokument die Aussagen des Apostels in Röm 9-11 betreffend das Endheil Israels gut zur Geltung, aber es lotet dennoch die theologischen Tiefendimensionen des paulinischen Textes keineswegs völlig aus. Hat man nämlich erkannt, dass Paulus in Röm 9,18 mit dem Satz: „Folglich nun, wen er will, (dessen) erbarmt er sich, wen er aber will, den verhärtet er", angeregt zu ihm durch das Zitat aus Ex 33,19 in 9,15, „die semantische Achse" von Röm 9-11 formuliert, um die sich alle seine Aussagen in diesem Großabschnitt seines Briefes an die Römer drehen, so spricht er mit ihm zugleich die Freiheit und Souveränität Gottes in seinem Handeln an, gerade auch in seinem rational nicht durchschaubaren Handeln an seinem Volk Israel. Deshalb bleibt der frei und souverän handelnde Gott auch das Subjekt und der eigentliche Grund der „Verstockung" Israels Jesus und dem Evangelium gegenüber, vom Apostel in 11,8 so zur Sprache gebracht: „Es gab ihnen *Gott* (den) Geist (der) Betäubung, Augen, auf dass sie nicht sehen, und Ohren, auf dass sie nicht hören, bis zum heutigen Tag" (zusammengesetztes Zitat aus Dtn 29,3 und Jes 29,10). Aber wenn Paulus eine solch unerhörte Aussage gerade in die Form eines Zitates aus dem Ersten

Testament kleidet, bedeutet das Aufweis von „Kontinuität", aber auch „Progression" (dazu Nr. 64/118f), insofern das Erste Testament zur rechten Zeit von Verhärtungen Israels zu erzählen weiß, die jedoch im Fall der „Verstockung" Israels Jesus und dem Evangelium gegenüber als nicht mehr überbietbare „Progression" bezeichnet werden muss, die freilich zur Folge hat, dass es den Juden *als Juden* neben der Kirche bis zum Ende der Zeiten geben wird, und dies gewiss nach dem Willen Gottes. Da Gott selber der letzte Grund der „Verstockung" Israels gegenüber Jesus und dem Evangelium ist, darf der Christ keinen Stein auf die „verstockten" Juden werfen und ihre „Verstockung" nicht zur Legitimation seines Jahrhunderte dauernden Antijudaismus werden lassen. Da bleibt nur Anbetung Gottes, dessen Gerichte „unerforschlich" und dessen Wege „unausspürbar" sind (Röm 11,33). Die „Logik" des Handelns Gottes, gerade was seine geheimnisvolle Heilsführung seines erwählten und geliebten Volkes Israel angeht, ist nicht identisch mit der Logik der Sterblichen. Der Gott Israels bleibt absolutes, unergründliches Mysterium, und deshalb ist auch das jüdische Volk, theologisch gesehen, ein unergründliches Mysterium. „Dieses Volk ist zusammengerufen und geleitet von Gott, dem Schöpfer des Himmels und der Erde. So ist seine Existenz weder ein Naturereignis noch ein Ereignis der Kultur ... Es ist ein übernatürliches Ereignis" (Papst Johannes Paul II.; zit. nach Nr. 86/164) Die Heiligen Schriften Israels legen Zeugnis für dieses „übernatürliche Ereignis" ab; und dies gilt es in der Schriftauslegung der Kirche zur Geltung zu bringen, was lange Zeit nicht geschehen ist, trotz Röm 9-11.

II. Impulse für eine antijudaismusfreie Auslegung von Röm 9-11

Im Folgenden seien solche Impulse in Form von Merksätzen vorgelegt, angeregt dazu durch das Dokument. Wir orientieren uns dabei an der Textfolge von Röm 9-11.

1. Der Apostel zählt in 9,4f die sog. Privilegien Israels auf. Sie bestehen weiter und sind nicht auf die Kirche(n) übergegangen, wie manche Exegeten behaupten.

2. Durch Isaak sind die Nachkommen Abrahams (die Juden) nicht „Kinder des Fleisches", vielmehr „Kinder der Zusage" (vgl. Gen 21,12; Röm 9,6-9).

3. JHWH, der Gott Israels, ist der frei und souverän handelnde Gott, der sich erbarmt, der aber auch verhärten kann. Er ruft auch ein „Nicht-Volk" (die Heiden) als sein Volk und als seine Geliebten und Söhne (gemäß Hos 2,1.25; vgl. Röm 9,24-26). Im gleichen Atemzug sagt der Apostel mit einem Zitat aus Jesaja an, dass „der Überrest (der Söhne Israels) gerettet werden wird", also das Heil erlangt (vgl. Jes 10,22f; dazu Röm 9,27), ob-

wohl sie, „nicht kennend die Gerechtigkeit Gottes und die eigene aufzurichten suchend" (10,3), sich „an dem Stein des Anstoßes stießen", den Gott in Sion in Gestalt des gekreuzigten Christus aufgerichtet hat (9,33).

4. Obwohl die Juden in ihrer Mehrheit Jesus und das rettende Evangelium, das doch in aller Welt von seinen Boten verkündet wird (10,18) und das nach Röm 1,16 „zuerst" für die Juden bestimmt ist, ablehnen, breitet Gott trotzdem seine Hände über das „ungehorsame und widersprechende" Volk Israel aus (nach Jes 65,2; vgl. Röm 10,21), um es zu retten.

5. „Sage ich nun, daß Gott verstieß sein Volk? Niemals! ... Nicht verstieß Gott sein Volk, das er vorhererkannte", d.h. erwählt hat (11,1f).

6. Ein „Rest" der Juden ist schon „gemäß Erwählung durch Gnade", also *sola gratia*, zum Heil gelangt: die an Christus glaubenden Judenchristen; „die übrigen aber wurden verstockt", sie lehnen Jesus und das Evangelium ab; dies hat Gott selber so verfügt (11,5-10) – eines der größten Geheimnisse der gesamten Heilsgeschichte.

7. „Sage ich nun, daß sie strauchelten, damit sie fallen? Niemals! Vielmehr (kam) durch ihre Übertretung das Heil für die Heiden ... Wenn aber ihre Übertretung Reichtum für die Welt und ihre (einstweilige) Minderzahl Reichtum für die Heiden (zur Folge hat), um wieviel mehr ihre (kommende) Vollzahl", wenn nämlich *ganz* Israel gerettet sein wird (11,11f). Dabei ist zu beachten, dass die Heidenmission nicht die Folge der „Verstockung" Israels ist, sondern ein Faktum, das bis heute fortdauert, angesagt bereits von den Propheten Israels („Völkermission"!). Die Heiden (die Kirchen) treten dabei nicht an die Stelle Israels („Substitutionsmodell"!).

8. „Wenn ihr Verlust (an Zahl der Geretteten) Versöhnung für die Welt (bedeutet), was (bedeutet ihre kommende) Hinzunahme (zur Zahl der Geretteten) wenn nicht Leben aus Toten?" (11,15). Ihre „teilweise Verstockung", die über Israel gekommen ist (vgl. 11,25b), machte „die ausgehauenen Zweige" gewissermaßen zu „Toten"; ihre Wiedereinpfropfung in den eigenen Ölbaum bedeutet deshalb für sie „Leben aus Toten". Vielleicht steht dabei im Hintergrund die große Ezechielvision (Ez 37,1-14, mit dem Satz in V 11: „diese Gebeine sind das ganze Haus Israel").

9. Einst „wird ganz Israel gerettet werden", d.h. das Heil erlangen, und zwar durch den kommenden Retter aus Sion, womit höchstwahrscheinlich der Parusiechristus gemeint ist, wobei ich bemerken möchte, dass das Neue Testament nichts von einer „Massenbekehrung" der Juden vor der Parusie weiß. Er wird die „Gottlosigkeiten von Jakob wegnehmen", womit wohl primär an die Bundesbrüche gedacht ist, die Israel nach den Erzählungen des Ersten Testaments im Verlaufe seiner Geschichte begangen hat. Dies liegt zugleich in der Konsequenz des „Bundes", den Gott einst mit den Vätern geschlossen und nie gekündigt hat.

10. Gewiss sind die „verstockten" Juden „Gegner" des Evangeliums zugunsten der Heiden, aber „entsprechend der (urtümlichen) Wahl (bleiben-

de) Geliebte (Gottes) um der Väter willen" (11,28). Die „verstockten" Juden sind keine „Feinde *Gottes*", wie manche Übersetzungen und Kommentare formulieren, vielmehr „Gegner in Hinblick auf das Evangelium": sie lehnen es ab, aber sie lehnen damit nicht Gott ab, der Israel die Tora als größtes Geschenk gegeben hat.

11. Auch die Juden finden trotz ihrer „Verstockung" das rettende Erbarmen Gottes, und nicht bloß die Heiden (11,30f). Zwar hat Gott „alle", Juden und Heiden, „in den Ungehorsam zusammengeschlossen [weil alle Sünder sind, vgl. Röm 1,18-2,29], damit er sich aller [der Juden sowohl als auch der Heiden] erbarme". Gottes letztes Wort in der Geschichte lautet: *Erbarmen!*

Diese elf „Merksätze", gewonnen aus einem Durchgang durch Röm 9-11, sind eine entscheidende Hilfe zum Abbau des christlichen Antijudaismus. Röm 9-11 bietet zu ihm keinen Anlass, was auch das Dokument ins Bewusstsein rufen will.

Zugrunde liegende und weiterführende Literatur

MOSIS, Rudolf, Ezechiel 37,1-14: Auferweckung des Volkes – Auferweckung von Toten, in: BRANDSCHEIDT, R. / MENDE, Th. (Hg.), Schöpfungsplan und Heilsgeschichte (= Festschrift für Ernst Haag), Trier 2000, 123-173.

MUßNER, Franz, Traktat über die Juden, München ²1988.

DERS., Die Kraft der Wurzel. Judentum – Jesus – Kirche, Freiburg/Basel/Wien ²1989.

DERS., Dieses Geschlecht wird nicht vergehen. Judentum und Kirche, Freiburg/Basel/Wien 1991.

DERS., Israel in der „Logik" Gottes nach Röm 9-11 und im Denkgebirge Hegels, in: NEIDL, W. M. / HARTL, F. (Hg.), Person und Funktion (= Gedenkschrift für Jakob Hommes), Regensburg 1998, 63-78.

RÖHSER, Günter, Prädestination und Verstockung. Untersuchungen zur frühjüdischen, paulinischen und johanneischen Theologie, Tübingen/Basel 1994.

KELLER, Winfrid, Gottes Treue – Israels Heil. Röm 11,25-27 – Die These vom „Sonderweg" in der Diskussion, Stuttgart 1998.

THEOBALD, Michael, Römerbrief, Bd. 1 (Kap. 1 – 11), Bd. 2 (Kap. 12 – 16), (= Stuttgarter kleiner Kommentar Neues Testament Bd. 6/1 und 6/2), Stuttgart 1992f.

IX.
Paul Petzel
Zur Einheit von *Biblischem* und *Nachbiblischen Judentum* –
Anmerkungen aus Systematisch-theologischer Perspektive

Das vorliegende Dokument der Bibelkommission verdient hohe Aufmerksamkeit und Respekt. Es bearbeitet ein theologisches Gebiet, das – um bildlich zu sprechen – als sehr weitläufig, morphologisch überaus abwechslungsreich und zudem als ‚vermint' bezeichnet werden kann. Von Ersterem ist zu sprechen, sofern die Bibel für sich ‚ein weites Feld' darstellt. Wer in diese Welt einwandert, kann, je weiter in sie eingedrungen wird, durchaus den Eindruck gewinnen, sie expandiere. Morphologisch reich ist diese Welt im Blick auf die vielfältigen, auf keine glatte Formel zu bringenden Beziehungen zwischen den einzelnen Büchern bzw. Schichten dieser Büchersammlung und die zwischen den Buchcorpora des meist so genannten Alten und Neuen Testaments, was im vorliegenden Text besonders interessiert. Da diese intertextuellen Beziehungen nicht von den Gemeinschaften ablösbar sind, die sie hervorgebracht haben und tradieren, also von Juden und Christen, wird man angesichts der Geschichte auch von einem ‚verminten' Gelände zu sprechen haben, wobei diese Vokabel das Gemeinte nur sehr zurückhaltend andeutet. Das Dokument ruft diesen Gegenwartshorizont ins Gedächtnis, wenn einleitend im Blick auf die Shoah von „tragischen Ereignissen" gesprochen wird, was sogleich korrigiert wird zugunsten einer Rede von „abscheulichen Verbrechen". (Nr. 1/13) (Dass die Shoah hier von christlicher Seite als „Prüfung unvorstellbaren Ausmaßes" religiös im Sinn einer göttlichen Pädagogik gedeutet wird, kann angesichts des verzweifelt anmutenden jüdischen Ringens um eine Deutung allerdings verwundern.) Die Beziehung von Christen und Juden, Kirche und Synagoge bzw. Judentum unter dem Zeit-Zeichen Auschwitz zu bedenken, beschäftigt die Theologie nun seit über einer Generation. Mittlerweile dürfte diese Problematik in ihrer grundlegenden Bedeutung klar geworden sein; einer Bedeutung, die die ganze Theologie und das kirchliche Leben insgesamt in Frage zu stellen vermag. Die Bibelkommission mischt sich mit diesem Papier in die Diskussion ein, indem sie Ergebnisse resümiert und mit Konzentration auf die Bibel Perspektiven entwickelt. Die hohen Ansprüche einer in ihren Methoden extrem differenzierten Bibelwissenschaft werden so verbunden mit kirchlich-theologischen Grundfragen: ein Unterfangen, das ein Höchstmaß an intellektueller, man wird sagen dürfen, auch geistlicher Anstrengung abverlangt. Motiviert wird dies durch das mehrfach klar ausgesprochene Interesse, „den Dialog zwischen Christen und Juden in

Klarheit und wechselseitiger Hochachtung und Zuneigung zu fördern." (Nr. 1/14) Gegen den Sachverhalt, dass in „der Vergangenheit [...] zu bestimmten Zeiten und an bestimmten Orten der Bruch zwischen dem jüdischen Volk und der Kirche Jesu Christi fast vollständig erscheinen [mochte]", hält das Papier fest, dass es im „Lichte der Schrift [...] dazu hätte niemals kommen dürfen. Denn ein vollständiger Bruch zwischen Kirche und Synagoge widerspricht der Heiligen Schrift". (beide Zitate Nr. 85/163) Nur ein „einseitiges" Verständnis der Heiligen Schrift habe dazu führen können, während doch deren „Gesamtdynamik [...] letztlich eine Dynamik der Liebe" sei. (Nr. 86/165) Über solche selbstkritisch-negativen Klarstellungen hinaus gelangt der Text zu erstaunlich weitreichenden positiven. Sie gipfeln darin, dass von den Christen eine *imitatio dei* gefordert wird. So wie die Israeliten von Gott „geliebt" blieben (vgl. Röm 11,29), „selbst als sie nicht an seinen Sohn glauben", gelte für Christen: „Wer mit Gott verbunden sein will, muss in gleicher Weise auch sie lieben" (beide Zitate Nr. 86/165). Das Dokument will von daher nichts Geringeres als „in der Kirche Christi die Liebe zu den Juden fördern" (Nr. 86/164). Wenn ich recht sehe, ist dies eine Haltung, die jüdischerseits so nie reklamiert, nicht einmal ausdrücklich gewünscht wurde und wird.

Der Charakter der Verlautbarungen wird von daher beschreibbar: Dem Ethos wissenschaftlichen Arbeitens, also präziser Beschreibung und strengem Argumentieren verpflichtet, wird das eigene Sprechen nicht als ein von der eigenen Zeit abgelöstes verstanden, sondern bewusst in den Horizont unserer Tage gerückt. Differenzen, die das Neue Testament zwischen Juden und christusgläubigen Juden oder Heiden aufmacht, werden benannt, ohne sie vorschnell zu minimieren und zu harmonisieren. Zugleich gerät die Sprache immer wieder eindringlich und sucht superlativische Formulierungen, wenn es gilt, Irrgänge der Geschichte zurückzuweisen und die fundamentale Bezogenheit der Kirche und Theologie auf das Judentum zum Ausdruck zu bringen. So wird beispielsweise von dem „ungeheuren Wert" des Alten Testaments als Wort Gottes gesprochen. (Nr. 21/43) Als Sprechen im Auftrag der Kirche wird auf jeden Dogmatismus, jedes Deklarieren und pures Appellieren verzichtet. Die Ernsthaftigkeit des eigenen Reformanliegens, einer Verbesserung der christlich-jüdischen Beziehung zuzuarbeiten, wird vielmehr durch beharrliches und präzises Argumentieren unter Beweis gestellt. Als genügte all das nicht, um Wertschätzung zu bewirken, schränken die Autoren sich selbst mehrfach ein. Sie sprechen von der eigenen „begrenzten Kompetenz", die nur die Behandlung des „biblischen Gesichtspunkt[s]" erlaube. (Nr. 1/13) Zudem könne diese „nur summarische Darstellung" (Nr. 84/161) nicht den Anspruch auf eine „erschöpfende Erfassung des Gegenstandes" (Nr. 1/14) erheben.

Fragen nach dem *nach*biblischen Judentum

Die eigenen Bemerkungen verstehen sich als ein Kommentar, der die Intentionen dieser Verlautbarungen vorbehaltlos teilt und auf Fragen aufmerksam machen möchte, die darin nicht behandelt werden, von der „Sache" her aber mit der Thematik unlösbar verbunden sind. Im Interesse daran, vor allem auch die theologisch-religiöse Bedeutung des *nach*biblischen Judentums zu erkennen, wird aus systematisch-theologischer Perspektive gefragt, welche Weichenstellungen in diesem Text vorgenommen werden. Denn bibelwissenschaftliche Aussagen haben als Grundlage jeder weitergehenden Theologie zu gelten. In einem ersten Schritt sei ein theologisches Verständnis von *Text* skizziert. Es verbindet die Überlegungen zu den biblischen mit denen zu den *nach*biblischen Verhältnissen des Glaubens, die hier an das Dokument herangetragen werden. Dem schließt sich die These an, dass das Bild des nachbiblischen Judentums unnötig „blass" bleibt. Der Grund dafür dürfte in einem bestimmten Gebrauch des *Schemas von Verheißung und Erfüllung* liegen. Das gilt es am Text aufzuweisen und zugleich ein weiterführendes Verständnis dieser heilsgeschichtlichen Kategorien zu skizzieren. In einem letzten sehr kurzen Abschnitt werden daraus einige Folgerungen für eine christliche Theologie der Heiligen Schrift, ihre Hermeneutik und, wenn man so will, ihre Spiritualität gezogen.

Ein theologisches Textverständnis als Klammer für biblische und nachbiblische Verhältnisse

Dass die Frage nach dem jüdischen Volk und seinen Heiligen Schriften in der christlichen Bibel *über* biblische Zeiten und Verhältnisse hinausreicht, macht das Dokument selbst klar, sofern es die Fragestellung auf die heutigen Verhältnisse bezieht. Theologisch lässt sich das einholen, wenn die Bibel nicht nur als Literatur, sondern auch als Heilige Schrift bzw. Offenbarungsdokument verstanden wird.

Um sehr abgekürzt zu sprechen, kann für ein „klassisches" historisch-philologisches Verständnis ein Text als erklärt gelten, wenn seine Entstehung rekonstruiert wurde und seine Aussagen aus dem geschichtlichen Kontext heraus erhoben sind. Welche Wirkung er danach entfaltet, interessiert dagegen nicht oder doch nur sehr bedingt. Einem sprachwissenschaftlichen, näherhin etwa strukturalistischen Verständnis gilt ein Text als ein in sich geschlossenes Ganzes, das auch als solches untersucht werden will. Wer diesen Text unter welchen Umständen und mit welchen Absichten geschrieben hat, muss danach nicht oder darf sogar nicht interessieren. Ein theologisches Textverständnis hebt sich von beiden deutlich ab, auch wenn die mit diesen Verständnissen entwickelten Methoden mit Gewinn aufgenommen werden. Bei allem gebotenen Respekt vor den genannten Zugehensweisen hat ein theologisches Verständnis den Anspruch, dem biblischen Text überaus „sachgemäß" zu sein, nämlich den Konstitutionsgründen dieser Textsammlung gerecht zu werden und in gewisser Weise also ein von ihr selbst ermöglichtes bzw. nahegelegtes Verständnis zu sein. Danach ist der biblische Text schriftlicher Niederschlag einer geschichtlichen Erfahrung von Menschen mit Gott. Primär wegen *dieser* Qualität wurden diese Erfahrungen überliefert, niedergeschrieben und schließlich als kanonisch, also maßstäblich erachtet. Im Text wird also die Spur einer Offenbarung angenommen; die ganze Exegese, jedes Lesen der Zeilen zielt im Grunde auf nichts anderes als Spuren dieser Offenbarung zu entdecken. Und da sich die Offenbarung Gottes nicht in ihrer Ursprungssituation erschöpft, sondern weit darüber hinausreicht, kann auch der schriftliche Niederschlag „die göttliche Offenbarung nie zur Gänze [...] zum Ausdruck" bringen. (Nr. 10/25) Die Bibel bedarf der Überlieferung als eines Milieus „zur Verlebendigung und Aktualisierung". (Nr. 10/25) Anders formuliert: Textimmanent kommt das, was den Text hervorgebracht hat, nicht ans Ziel. Das Lesen der Schrift drängt zum Handeln. Die Buchstaben ihrer Verse wollen leibhaft Gestalt finden in einer Lebenspraxis. Und: Die Bibel als Heilige Schrift lässt sich nicht auf eine Geschichte ihrer Genese beschränken. Als Niederschlag eines Offenbarungsgeschehens ‚erheischt' sie je neue gegenwärtige Bedeutung. Ihre Zeit erschöpft sich weder mit der der Ersterfahrung noch der der textlichen Fassung dieser Erfahrung und der Kanonisierung der gesammelten Bücher. Damit aber sind die, die diese Erfahrung gemacht haben bzw. sie tradieren und als maßstäblich erklärt haben, im Blick: die Erzähler, Sammler und Schreiber, Leser und Ausleger. Es sind Israel bzw. das Judentum und die Kirche, die ihrerseits zwar deutlich und selbstkritisch von der Schrift zu unterscheiden, zugleich aber nicht von ihr abzulösen sind. Mit Blick auf das Judentum und dessen wohl einzigartiger Beziehung zu den Texten der Heiligen Schrift und des Talmud spricht Emmanuel Lévinas von einem Volk, das einem Buch angehört. (vgl. Lévinas, Saiten 1991, 176) Christlicherseits kann ein gleiches Verhältnis von Gläubigen zu ihren Heiligen Schriften kaum beansprucht werden; immerhin erlangt das Studium der Schriften im Judentum die Qualität einer ersten religiösen Pflicht, was das Christentum so nicht kennt. In einem elementaren Sinn kann aber auch ein christlich-theologisches Textverständnis nicht von den „Angehörigen" der Heiligen Schrift bzw. von seinen Trägersubjekten absehen. Textbeziehungen sind von da aus immer auch als Subjektrelationen zu bedenken. Das genau hat das Dokument der Bibelkommission im Blick, wenn es im Bewusstsein der Geschichte von Juden und Christen nach der Präsenz des jüdischen Volkes und seiner Schrift in der christlichen Bibel fragt. Ein vielzitiertes Diktum Johannes Pauls II., das geradezu formelhaft knapp die skizzierten Verhältnisse zusammenfasst, wird deshalb auch zitiert: „Die Begegnung zwischen dem Gottesvolk des von Gott niemals gekündigten (vgl. Röm 11,29) Alten Bundes und dem des Neuen Bundes ist zugleich ein Dialog innerhalb unserer Kirche, gleichsam zwischen dem ersten und dem zweiten Teil der Bibel." (Nr. 86/164) Man könnte von einem ‚heilsgeschichtlich-hermeneutischen Viereck' sprechen, sofern die vier Größen von Altem und Neuem Testament als Textgrößen und Kirche und Judentum als Kollektivsubjekte zueinander in Beziehung gesetzt werden. Sie scheinen miteinander verbunden wie kommunizierende Röhren. Deshalb wird im Folgenden versucht, bibeltheologische und davon abgeleitet dogmatische Aussagen, solche einer Schrifttheologie, die einer Hermeneutik und die, die die Beziehung von Juden und Christen betreffen, zumindest ansatzweise jeweils in ihrem Zusammenhang zu begreifen.

Zu Charakter und Tragweite des Verheißungs-Erfüllungs-Schemas

Das Papier der Bibelkommission äußert sich sehr differenziert und akzentenreich. Das lässt sich auch in Unebenheiten und Spannungen des Textes ablesen, die auf die unterschiedlichen Autoren oder bzw. auch auf die Vielstimmigkeit der biblischen Stimmen rückschließen lassen. Während beispielsweise einerseits die christliche Lesart der hebräischen Schriften zuallererst als *eine* legitime ausgewiesen wird, was nahelegt, dass sich die Legitimität der jüdischen von selbst versteht (Nr. 64/118), wird an anderer Stelle – an innerchristliche Adressen gewendet – die jüdische als „eine mögliche" verteidigt, „die sich organisch aus der jüdischen Heiligen Schrift der Zeit des Zweiten Tempels ergibt [...]" (Nr. 22/44). Die eigenen Überlegungen können dem Akzentreichtum und den Subtilitäten des Dokuments nicht gerecht werden und sämtliche Balancen des Textes nachwiegen. Sie nehmen vielmehr solche Akzentsetzungen in den Blick, die zumal in ihrer Kombination Problematisches für weitergehende theologische Überlegungen beinhalten *könnten*. Das geschieht in dem Interesse, gleichsam spiegelbildlich die andere im Text enthaltene Tendenz und von ihm ermöglichte Lesart zu bestärken. Unter diesem gewichtigen Vorbehalt sei die These gewagt: Das vom Kommissionstext evozierte Bild des nachbiblischen Judentums bleibt ‚blasser' als es von der Intention des Textes angezielt scheint und von seinen Grundaussagen her ermöglicht wäre. Diese ‚Blässe' resultiert nicht nur oder primär aus dem Umstand, dass das nachbiblische Judentum hier nicht ausdrücklich Thema ist – das festzustellen wäre unsinnig und ungerecht. Sie rührt, wie mir scheint, vielmehr von der eingenommenen Perspektive her: einer, die die Beziehungen von Altem und Neuem Testament, und damit implizit auch von Judentum und Kirche, stark von einem Schema von Verheißung und Erfüllung her wahrnimmt. *Dass* dieses

Schema, das neutestamentlich angelegt ist, zum Zuge kommt, ist weder erstaunlich noch innerchristlich zu diskutieren. Zu problematisieren bleibt allerdings, in welchem Verständnis es als Deutungsschlüssel gebraucht wird. Im Dokument äußert sich das darin, dass zum einen christologische Aussagen insgesamt auf eine „Erfüllungschristologie" hin tendieren. So wird zwar von einer „Erfüllung" gesprochen, die in „Jesus von Nazaret, dem Christus, bereits *begonnen*" habe (Nr. 11/27). Weitaus öfter aber wird auf entsprechende Einschränkungen verzichtet. „In der Sicht des Neuen Testaments verwirklicht Jesus so in seiner Person, vor allem durch sein Ostergeheimnis, *alle* Heilsverheißungen, die mit dem Kommen des Messias verbunden sind." (Nr. 63/117f) Dem entspricht schrifttheologisch bzw. hermeneutisch gewendet eine Aussage wie: „Er ist es, von dem die Schrift des jüdischen Volkes *letztlich* spricht, [...]" (Nr. 11/27), weshalb auch diese Schriften, „in seinem Licht [...] gelesen", erst „in ihrem *vollen* Sinn erfasst" werden. (Nr. 11/28) Erst von hier aus kann „eine Sinn*fülle* freigelegt [werden], die vorher nicht wahrzunehmen war." (Nr. 64/118; alle Hervorhebungen vom Autor) Es sind Aussagen dieser Art, die insofern problematisch sind, als sie (m.E. in gewisser Spannung zu anderen Aussagen des Dokuments) das Verständnis decken *können*, das Alte Testament und die Geschichte, für die es steht, sei an ein Ende gekommen. Denn hat es, wenn es letztlich auf diesen Christus abzielt, nicht mit dessen Kommen seinen Zweck erfüllt? Sind die Verheißungen mit ihrer Erfüllung nicht auch irrelevant geworden? Welchen Sinn könnte dann aber eine Lektüre des Alten Testaments noch haben, außer dass sie einen historischen Hintergrund lieferte? Reduziert sich das Alte Testament dann nicht auf ein überaus langes Vorwort zum Neuen Testament? Angesichts dieser Problematik ist zu fragen, wie die verwendeten Vokabeln „letztlich", „voller Sinn", „erfüllt", „Fülle", Verheißung und Erfüllung zu verstehen sind: Haben sie eine definitive abschließende Bedeutung? Beendet die Erfüllung etwa die Zeit der Verheißung? Schließt sich jene von dieser gleichsam ab? Ist Erfüllung in Annäherung etwa an ein hegelsches Verständnis von Aufhebung zu verstehen, durch die ein Vorangegangenes *negiert*, in seiner Geltung aufgehoben wird, aber auch zugleich *bewahrt* wird (wie im umgangssprachlichen „aufheben" etwa) und das, indem es *erhöht*, auf eine qualitativ höhere Stufe, gebracht wird? Anders gefragt: Sind etwa die Verheißungen des Alten Testaments in Jesus Christus so erfüllt, wie ein Same seine Bestimmung erfüllt, wenn er vergeht und in einer Pflanze neu aufgeht, als Same aber restlos verschwunden ist? Dann aber wäre das Alte Testament der Schale für einen Kern zu vergleichen, der seine Vitalität allerdings ohne die Schale entfalten kann und entfalten wird. Im Rahmen des oben so genannten ‚heilsgeschichtlich-hermeneutischen Vierecks' ist mit Blick auf die Juden der nachbiblischen Zeit weiter zu fragen: Welche Bedeutung könnte dann noch die Lektüre der hebräischen Schriften durch die Juden haben? Wären es nicht Lesungen gleichsam ‚in einem heilsgeschichtlichen Leerlauf'; zudem ganz paradox, nämlich nur vorläufig, weil nie den Vollsinn erreichend und zugleich doch schon überholt, weil der Zeit der Erfüllung immer schon hinterher hinkend? Oder lassen sich die Vokabeln des Bedeutungsfelds der Erfüllung auch anders verstehen: als solche, die offen sind und offen bleiben auf das Verheißene hin; als Worte, die dauerhaft in Relation halten, Beziehungen verstärken bzw. zuallererst stiften? Sind es Worte, die Heils- und Lebensverhältnisse zu bezeichnen versuchen, die in sich durchaus auch Brechungen kennen; Brechungen, die ihrerseits aber zuallererst Raum geben für komplexe Verhältnisse?

Das Dokument lässt m.E. beide Lesarten der Erfüllung zu. Ich möchte die zweite angedeutete als die *lectio difficilior*, also die schwierigere, aber theologisch fruchtbarere Lesart herausstellen. So spricht der Neutestamentler Peter Fiedler mit Blick auf die Erfüllungsproblematik im Neuen Testament von einer grundsätzlichen „Strukturoffenheit von ‚Erfüllung' (und Verheißung)". (Fiedler, Verhältnisaussagen 1981, 46) Die neutestamentlichen Autoren haben in „ihren Aussagen über erfüllte Verheißungen" immer den „‚eschatologischen Vorbehalt'" mit eingetragen. „So kann Paulus z.B. in Röm 8,23 sagen, daß wir, ‚die wir die Erstlingsgabe des Geistes' (schon) ‚besitzen, in uns selbst ‚in der Erwartung der Erlösung unseres Leibes' (noch) ‚seufzen'". (Fiedler, ebd. 46) Erfüllung so verstanden und offen gehalten, versetzt allerdings die ChristInnen selbst in eine Spannung bzw. unter Druck. Sie bekennen und behaupten schließlich eine Realität, die nicht augenfällig, nicht evident, ist. Sie bekennen die „‚Einzelverwirklichung' des Heilshandelns Gottes" in und an Jesus als „‚Unüberbietbarkeit'". (Breuning, Antworten 1981, 137) Damit bürden sie sich nach W. Breuning allerdings nicht weniger als eine „‚eschatologische' Beweislast" auf. Gewiss, „[f]ür den Christen ist Jesus selbst größer als die Verheißung, auch die noch ausstehende". (Breuning, ebd. 138) Aber dieser Christus ‚verschlingt', absorbiert deshalb die Verheißungen nicht, sondern bewahrt, bestätigt bzw. erweckt sie in und aus der Geschichte seines Volkes, sofern sie vergessen worden oder in der Resignation ihrer Träger eingeschlafen sind. Auf diese „Funktion" Jesu, die doch zugleich sein Dasein und Geschick ausmacht, weist F.-W. Marquardt nachdrücklich hin. Gegen eine einlinige, wenn man will, eindimensionale und abstrakte Auffassung des Verheißungs-Erfüllungs-Schemas macht er auf dessen potentielle Defizite aufmerksam. In ihm komme theologisch oft nicht zur Geltung, „daß Christus selbst in der Gegenwart seines Geistes in, mit und unter den Erfahrungen des jüdischen Volkes und in der Begleitung seiner Propheten sich selbst empfangen hat: nämlich eine fundamentale, ursprüngliche Israel-Förmigkeit seines Wirkens [...]". (Marquardt, Hoffen Bd. 1 1993, 112) Er beendet nicht die Geschichte seines Volkes, sondern hält sie mit seiner eigenen offenen Zukunft offen. Wenn aber Jesu Geschichte in die offene Verheißungsstruktur der Geschichte Israels eingeschrieben bleibt, die Christologie wesentlich eine Haltung der Erwartung und des „seufzenden" Hoffens und Harrens anzielt, wenn die Christusbilder, die sie entwirft, zu allererst als „messianische Suchbilder" (H.P. Siller) aufzufassen sind, hat das auch Folgen für die Bestimmung der Relation vom Alten zum Neuen Testament. Als Ertrag einer entsprechend zum jüdischen Volk wie zur unausgestandenen Geschichte der Menschheit hin offengehaltenen Christologie kann dem Alten Testament ungezwungen ein Verheißungsüberschuss zuerkannt werden. (vgl. etwa Breuning, ebd. 137) Das Dokument spricht davon auffallenderweise nicht. Das Erste Testament behält dann seinen Eigensinn. Nicht nur weil es materialiter einfach nicht durch das Neue Testament ersetzt wird und werden will: in der Schöpfungslehre, der Anthropologie, in Fragen der Sozialethik u.a., sondern auch aus heilsgeschichtlichen Gründen im strengsten Sinn des Wortes. Natürlich bleibt es von ChristInnen im Lichte Christi zu lesen. Doch lenkt dieses Licht Christi nicht alle Strahlen selbstbezüglich auf sich zurück; es reduziert das Alte Testament nicht zur Spiegelfläche, sondern eröffnet den ChristInnen auch einen Blick für dessen Eigenlicht und Eigenleuchten. In seinem Licht aber sehen sich die Leser des Neuen Testaments dann auch kritisch befragt, wenn von dort etwa an die Kriterien des Reiches Gottes bzw. der Messiasankunft erinnert wird. Jesus selbst anerkennt im übrigen diese ‚messianische Kriteriologie' der Heiligen Schriften Israels, wenn er sich den Johannesjüngern gegenüber gerade mit Verweis auf diese ‚Kriterien' bzw. Verheißungen ausweist: „Geht und berichtet dem Johannes, was ihr gesehen und gehört habt: Blinde blicken auf, Krüppel gehen. Aussätzige werden rein und Taube hören. Tote werden erweckt, Armen wird die Heilsbotschaft gebracht." (Lk 7,22) Indem der lukanische Jesus Jesaja zitiert, wird das Licht des Alten im Neuen Testament aufgenommen und zum Strahlen gebracht, ohne ‚absorbiert' zu werden. Das Dokument der Bibelkommission geht auf solche Fragen kaum ein. Es spricht zwar von der Verwirklichung „alle[r] Heilsverheißungen, die mit dem Kommen des Messias verbunden sind". (Nr. 63/117f) Der durchgängige jüdische, in der hebräischen Bibel breit verankerte Einwand, dem sei doch offensichtlich so nicht, wird allerdings nicht aufgenommen. Nur indirekt scheint er bewusst, sofern umgehend nach der Aussage über die Verwirklichung der Verheißungen vermerkt wird, dass in Christus „das Heil eine neue Dimension" erhalten habe. (Nr. 63/118) Dem kann, so allgemein formuliert, christlich kaum widersprochen werden. Doch ist zu fragen, was damit gemeint sein soll. Es gibt (neben anderen Aussagen!) Anhaltspunkte im Text, die die Annahme nahe legen können, bei der Neudimensionierung handle es sich vornehmlich um eine Vergeistigung. Mehrere Formulierungen sprechen davon, dass eine schon im Alten Testament zu beobachtende Tendenz zur „symbolischen

Vertiefung" (Nr. 51/98) fortgeführt werde. Zu fragen bleibt, ob diese Symbolisierung eine semantische Anreicherung der Verheißungen meint, gleichsam eine Steigerung ihres ‚heilsspezifischen Gewichts', oder aber ob sie als eine Art ‚geistliches Substraktionsverfahren' die materiellen lebenspraktischen Dimensionen schwächer werden lässt, wenn nicht gar ausscheidet. Hier sei nur ein Beispiel dafür angeführt, dass das Dokument in dieser Hinsicht manchmal undeutlich bleibt. Die Frage, wer nach Paulus die Nachkommen Abrahams seien, wird dahingehend resümiert, dass „die wahre Nachkommenschaft des Patriarchen im geistlichen Bereich" liege. (Nr. 55/106) Die semantische Ambivalenz liegt dabei im Wort *wahr*: Ist etwa nur die geistliche eine wahre, die physische aber eine unwahre? Bezeichnet geistlich-physisch hier einen exklusiven Gegensatz oder eine inklusive Relation? Sind Juden als die physischen Nachfahren Abrahams womöglich keine wahren Nachfahren mehr? Oder sind sie es nur dann, wenn sie christusgläubig werden? Es sei nicht behauptet, das Dokument plädiere für eine exklusive Lesart (vgl. etwa Nr. 85/163); doch sei auf die Möglichkeit eines solchen (Miss-)Verständnisses hingewiesen. Deutlicher plädiert F. Mußner für eine inklusive Deutung: „Sollen die Heiden in den Segenszusammenhang mit Abraham kommen, dann kann das nicht auf einem ‚physischen', sondern nur auf einem ‚spirituellen' Weg erfolgen, eben über den Weg des Glaubens an den Juden und Messias Jesus Christus. Niemals sagt Paulus im Galater- und Römerbrief, daß die Juden von der Segensverheißung Abrahams ausgeschlossen seien." (Mußner, Kraft 1987, 59f)

Was auf der schrifttheologischen Ebene gesagt wird, hat – wenn die zugrunde gelegte Arbeitshypothese stimmt – direkte Folgen für die christlich-jüdische Beziehungsebene: Die Juden, die die hebräische Schrift tradieren, lesen und auslegen, ihr primäres Auslegungsmilieu darstellen, sind dann nicht weniger als *Hüter unabgegoltener Hoffnungen* anzusprechen. Auf diesen hohen theologischen Status *könnte* eine Aussage des Dokuments hinweisen. Es spricht von der christlichen und jüdischen Leserichtung als solchen, die sich parallel zueinander entwickelt haben. „Jede dieser beiden Leseweisen bleibt der jeweiligen Glaubenssicht treu, deren Frucht und Ausdruck sie ist. So ist die eine nicht auf die andere rückführbar." (Nr. 22/44) Doch von den Schlussfolgerungen her betrachtet, die daraus gezogen werden, muss angenommen werden, dass der *heilsgeschichtliche* Gehalt der jüdischen Lesart dann doch nicht mitgemeint war. Denn es wird die Möglichkeit ausgesprochen, dass ChristInnen auf dem „konkreten Feld der Exegese […] viel von der jüdischen Exegese lernen" könnten. (ebd.) Diese Formulierung lässt eher an die Rezeption technisch-exegetischer Errungenschaften „jüdische[r] biblische[r] Gelehrsamkeit" denken, wie es das Dokument „Die Interpretation der Bibel in der Kirche" von 1993, auf das hier verwiesen wird, auch bestätigt. (VAS 115, I C2, S. 47f) Die Bejahung und Empfehlung solcher Lehr-Gänge in jüdische Gefilde ist gewiss nichts Geringes, versteht sie sich für christliche Tradition doch nicht von selbst. Manche Kirchenväter und mittelalterliche Theologen besaßen zwar durchaus einen Sinn für die hermeneutische Kompetenz der Juden im Umgang mit den hebräischen Schriften. Will man deren Wahrheit erfassen, also die *hebraica veritas*, kann und sollte vom jüdischen Umgang damit gelernt werden. Daneben stehen aber die Diffamierungen solcher Bezugnahmen. So wurde etwa St. Viktor (gest. 1173), der sich vom geschichtlichwörtlichen Textverständnis seiner jüdischen Gesprächspartner leiten ließ, des Judaisierens geziehen. Und Nikolaus von Lyra (gest. 1349), der sich an der Exegese von Rabbi Salomo Ben Isaak orientierte, wurde dadurch wirkungsgeschichtlich stumm gemacht, dass man ihn als „Affen" Rabbi Salomos diffamierte. Ungenügend ist diese Zurückhaltung gegenüber jüdischem Schriftumgang allein schon deshalb, weil innerchristlich *jede* Sprach- und Textgelehrtheit als hilfreich anerkannt wird, auch wenn sie im Rahmen ganz säkularisierter, wenn nicht sogar christentumsfeindlicher Zusammenhänge entwickelt worden ist (vgl. Johannes Paul II., Ansprache, in: VAS 115, S. 9f). Abwertungen jüdischer Schriftauslegung sind also im neuesten Dokument der Bibelkommission verneint, das spezifisch Jüdische in seiner Dignität aber noch nicht hinreichend bezeichnet: dass es die Gelehrsamkeit von *Zeugen* des einen Gottes ist, die hier begegnet; dass also in ihrem Zeugnis möglicherweise ein Niederschlag von Gotteserfahrung zu finden ist, was noch ganz anders und anderes als ‚Gelehrtheit' christlich zu denken aufgibt. Denn wie auch christliche Lebenszeugnisse von Heiligen oder der Konsens der Gläubigen für die Theologie wie auch für das Lehramt belangvoll sind, sind es m.E. auch Zeugnisse des nachbiblischen Judentums, auch dann, wenn sie wissenschaftlich nicht bedeutungsvoll sind. Christliche Theologie kennt einen *sensus fidelium*, der für die Klärung dessen, was je und je als Heilswahrheit bekannt werden soll, bedeutsam ist. Es dürfte an der Zeit sein, darüber nachzudenken, ob nicht in analoger Weise auch die nachbiblische Schrifttradierung in Wort, Text und Tat durch Juden von Christen unter der Vorannahme wahrzunehmen ist, dass sich hier ebenfalls ein *sensus fidelium* artikuliert. Dann wäre neben einem Sinn für die *hebraica* veritas auch ein christlicher Glaubenssinn für die *iudaica* veritas zu entwickeln: eine Sensibilität und ein Bewusstsein dafür, dass wir bleibend (gewiss in nicht unkomplizierter Weise) auf die Juden verwiesen sind, wenn wir als Christen die Heilige Schrift heute zur Sprache bringen wollen. Um es als Frage zu formulieren: Wenn die Bibel als schriftlicher Niederschlag von Offenbarungserfahrung je und je Gegenwart ‚erheischt', verlangt das von christlicher Exegese nicht, auch und gerade nachbiblische jüdische Auslegungen als potentielle Glaubenszeugnisse aufzunehmen? Denn wenn theologisch die Schrift nicht historisierbar ist, sondern diese ihre Gegenwärtigkeit über die Zeit ihres Kanonabschlusses immer neu einfordert, muss dann nicht Gleiches gelten für die Träger der Schrift, ihre „Angehörigen"?

Kontinuität – Diskontinuität – Progression

Die vorangegangenen Überlegungen seien schließlich auf die drei Begriffe Kontinuität, Diskontinuität und Progression bezogen, mit denen das Dokument die Art und Weise systematisch zusammenfasst, wie die „Grundthemen der Schrift des jüdischen Volkes [...] im Glauben an Christus" aufgenommen wurden. (Nr. 64f/118-121) Das Moment der Kontinuität stellt die „Person und das Werk Christi ebenso wie die Existenz der Kirche" ganz „in die Verlängerung dieser [Israels] Geschichte". (Nr. 64/118) Das Werk Jesu wird als universale Ausweitung des Heilsangebotes verstanden. Dieser Zug der Kontinuität wird im Dokument durchgängig betont. Wichtig festzuhalten ist, dass sie als grundlegend und umfassend verstanden und nicht etwa durch das Moment der Diskontinuitäten aufgehoben wird. Denn diese „stellen die Kontinuität nicht in Frage. Sie setzen sie vielmehr in den wesentlichen Punkten voraus." (Nr. 64/119) Unter Progression wird die „positive Seite" der Diskontinuität verstanden. (Nr. 65/119) Der Fortschritt, der durch den christlichen Glauben erlangt wurde, wird in Bezug auf Gott, den Menschen und das Volk knapp skizziert. Es ist eine dichte Passage des Dokuments, die nicht weniger als die theologische Quadratur des Kreises versucht: auf gedrängtem Raum die Anerkennung des jüdischen Volkes und seiner Schrift unter der Maßgabe von ‚Wahrhaftigkeit und Liebe', wie mir scheint, zu umreißen und das spezifisch und unterscheidend Christliche zugleich zum Ausdruck zu bringen. Die Trias von Kontinuität, Diskontinuität und Progression hat die Struktur eines ‚Ja – aber und noch mehr'. In das christliche ‚mehr' bleibt allerdings, wenn die vorangegangenen Überlegungen einigermaßen stimmig sind, nochmals ein ‚Ja – aber' einzutragen: das ‚Noch – nicht' der eschatologischen Erfüllung, den Umstand, dass auch der auferweckte und erhöhte Christus noch eine Zeit hat und auch christologisch von ausstehender Zeit zu sprechen ist, das „Seufzen" der Schöpfung ... Das sind Vorbehalte, die dem Glauben der Christen nicht nur peripher eignen. Denn das Credo der Christen ist seinerseits vorläufig: alle Sätze des Glaubens sind zutiefst Hoffnungssätze, die ihre Bewahrheitung letztlich erst noch erfahren werden. Das macht sie durchaus anfechtbar, setzt sie Fragen aus, Zweifeln und Widersprüchen. Diese grundsätzliche Anfechtbarkeit und die konkreten Anfechtungen sind dabei nicht den einzelnen Gläubigen oder der Kirche insgesamt vorzuwerfen. Sie gehören vielmehr zu diesem Glauben. Die aufrührerischsten Fragen und Widersprüche sind dabei, recht bedacht, von den Juden zu erwarten. Denn sie fragen aus der größten ‚inneren', das Verhältnis zu Gott betreffenden Nähe heraus, und zugleich reicht ihr Fragen bis ins Innerste des Christlichen: der Infragestellung des „Bruders Jesu" (S. Ben-Chorin) als des Christus, dem die Christen doch die Ermöglichung ihrer Nähe zu Gott verdanken – und der Nähe zu den Juden, was weithin noch wahrzunehmen ist. Für das Moment der Diskontinuität heißt das gewiss zuerst, dass die nicht zu leugnenden Differenzen auszuhalten sind. Doch darüber hinaus bleibt zumindest ahnungsweise im jüdischen *Nein,* das darin begegnet, das *Ja* Gottes zu diesem *Nein* zu entdecken (vgl. Röm 9-11). Das hebt die Diskontinuitäten nicht auf, setzt sie aber nochmals in eine heilsgeschichtliche Perspektive, in deren Fluchtpunkt das Geheimnis der Treue Gottes und der Erwählung des jüdischen Volkes erscheint: theologische „Letztbegründungen", die nicht nochmals abgeleitet, umfasst oder erklärt werden können, sondern selbst das Ende des Theologisierens bzw. sein Apriori anzeigen ...

Folgen für einen christlichen Umgang mit der Heiligen Schrift: Ihre Hermeneutik und Spiritualität

Was könnte das für eine christliche Schrifthermeneutik bedeuten? Nur thetisch-abgekürzt seien einige Aspekte genannt.

1. Der Umgang der Juden mit der Heiligen Schrift *post Christum* hat nicht nur, wie schon dargelegt, *lehrhaften* Sinn, sondern ist auch in seiner *religiösen Zeugnisqualität* aufzunehmen.

2. Das kompliziert durchaus die christliche Auslegung. Eine andere Lesart läuft mit. Das eigene Lesen kann dann dem eines Palimpsests gleichen, des Pergaments, das mehrfach beschrieben war. Wie der eine Text noch durch den anderen scheint, kann sich die jüdische Deutung in der christlichen melden, ohne darin aufzugehen und unsichtbar zu werden.

3. Wird ein Eigensinn des Alten/Ersten Testaments anerkannt und über ihn hinaus eine eigene Dignität jüdischen Schriftumgangs, dann tritt in den Blick, dass die Juden nicht „unser" *Altes Testament* lesen, wenn sie die Hebräische Bibel lesen, sondern den *Tenach.* Sein Umfang ist nicht ganz deckungsgleich mit dem Alten Testament; vor allem aber ordnet er die Schriften anders: zentriert sie um die Tora, während der christliche Kanon sie auf das Corpus der Propheten hin fokussiert (vgl. Nr. 16-18/32-36). Die christliche Exegese hätte also nicht nur mit der jüdischen Auslegung eine Variante von Interpretation der gleichen Schrift wahrzunehmen, sondern die einer gleich-ungleichen Schriftensammlung. Das heilsgeschichtlich-hermeneutische Viereck kompliziert sich dann: Die Juden sind darin nicht einfach dem Alten Testament korrelierbar, sondern dieses „überlappt" sich vielschichtig mit dem Tenach. Die in dieses Schema neu einzutragende Linie Juden-Tenach steht für den theologisch anzuerkennenden Eigensinn des Textcorpus wie den seiner Tradenten.

4. Die Anfragen und Anfechtungen, die Einsprüche und Widersprüche, die durch die Beachtung jüdischen Schriftumgangs im Inneren des Christlichen erfahrbar werden können, sind begreifbar als *die hermeneutischen Entsprechungen der eschatologischen Bürde*, von der W. Breuning sprach. Es ist eine Hermeneutik, die zugleich zu einem Messias ‚passt', der die Geschichte mit ihren Bedrängnissen nicht souverän hinter sich gelassen hat, sondern in sie involviert bleibt. Eine solche Lektüre bringt Lesarten hervor, die manche vielleicht „schwach" nennen mögen. Doch sollte es nicht gerade ein Merkmal christlicher Lesart sein, dass man ihr das „Seufzen" der Schöpfung längs durch die Geschichte noch anhört?

5. Unter dem Einfluss jüdischen Schriftumgangs mit seinen Fragen an die Christen gewinnt die christliche Hermeneutik der Bibel in hohem Maße Züge einer *Heuristik*: der Kunde und Fertigkeit, Wege zu suchen, Schneisen zu schlagen – in den Zeilen der Schrift Spuren zu suchen.

6. Anerkennt man den Eigensinn des Ersten Testaments und die Dignität der jüdischen Schriftlesung, dann entsteht neben einer denkbaren Lese- und Lerngemeinschaft auch eine Konkurrenz und zwar eine ‚im Innersten'. Das eigene Lesen, der eigene Umgang mit der Schrift ist herausgefordert und nicht mehr sich selbst überlassen. In der Fluchtlinie dieses Gegenübers könnte sich das Verständnis von Schrift insgesamt verändern: Sie ist nichts, was uns gehört wie ein Besitz, sondern sie ist uns unter Vorbehalt anvertraut. Sie kann nicht forschend und lesend *angeeignet* werden, sondern erwartet letztlich die Hingabe ihrer LeserInnen an den Text. Die Juden können von den Christen als die empirischen Statthalter dieses Besitzvorbehalts der Heiligen Schrift erkannt und anerkannt werden. Sie können das sein, weil auch ihnen, wie E. Lévinas sagt, die Schrift nicht gehört, sondern sie ein Volk sind, das seinerseits einem Buch (an)gehört.

Zugrunde liegende und weiterführende Literatur

BREUNING, Wilhelm, Antworten, in: BIEMER, Günter (Hg.), Freiburger Leitlinien zum Lernprozeß Christen Juden. Theologische und didaktische Grundlegung (= Lernprozeß Christen Juden Bd. 2), Düsseldorf 1981, 136-141.

DOHMEN, Christoph / STEMBERGER, Günter, Hermeneutik der Jüdischen Bibel und des Alten Testaments, Stuttgart 1996.

DERS. / MUßNER, Franz, Nur die halbe Wahrheit? Für die Einheit der ganzen Bibel, Freiburg/Basel/Wien 1993.

FIEDLER, Peter, Neutestamentliche Verhältnisaussagen über Israel/Kirche, in: BIEMER, Günter (Hg.), Freiburger Leitlinien zum Lernprozeß Christen Juden. Theologische und didaktische Grundlegung (= Lernprozeß Christen Juden Bd. 2), Düsseldorf 1981, 40-52.

LÉVINAS, Emmanuel, Saiten und Holz. Zur jüdischen Leseweise der Bibel, in: DERS., Außer sich. Meditationen über Religion und Philosophie, München/Wien 1991, 172-193.

MARQUARDT, Friedrich-Wilhelm, Was dürfen wir hoffen, wenn wir hoffen dürften? (Bd. 1), Gütersloh 1993.

MUßNER, Franz, Die Kraft der Wurzel. Judentum – Jesus – Kirche, Freiburg/Basel/Wien 1987.

DERS., Christsein nach Auschwitz, in: DERS. / FRIEDLANDER, Albert, Das Schweigen der Christen und die Menschlichkeit Gottes. Gläubige Existenz nach Auschwitz, München 1980.

PETZEL, Paul, Was uns an Gott fehlt, wenn uns die Juden fehlen. Eine erkenntnistheologische Studie, Mainz 1994.

ZENGER, Erich, Das Erste Testament. Die jüdische Bibel und die Christen, Düsseldorf ³1993.

X.
Erich Zenger
Was die Kirche von der jüdischen Schriftauslegung lernen kann

Die Bibelkommission stellt ihr neues Dokument pointiert in den Kontext des Erschreckens über die Schoa. In gewisser Weise macht sie Ernst mit der Erkenntnis, dass die Theologie nach der Schoa nicht nur über das Judentum anders reden muss als dies jahrhundertelang der Fall war, sondern dass dies auch die christliche Theologie und nicht wenige kirchliche Lebensvollzüge verändern muss. Einen ganz zentralen Aspekt stellt das Vorwort von Joseph Kardinal Ratzinger heraus, in dem er sagt: „Was [...] aus dem Geschehen folgen muss, ist ein neuer Respekt für die jüdische Auslegung des Alten Testaments. Das Dokument sagt dazu zweierlei. Zunächst stellt es fest, dass die jüdische Lektüre der Bibel ‚eine mögliche Lektüre ist, die in Kontinuität mit den heiligen Schriften der Juden aus der Zeit des zweiten Tempels steht und analog ist der christlichen Lektüre, die sich dazu entwickelt hat' (Nr. 22). Sie fügt hinzu, dass die Christen viel lernen können von der 2000 Jahre hindurch praktizierten jüdischen Exegese." (Vorwort 8) Das sind Akzentuierungen, die weit über das hinausgehen, was die Erklärung der Bibelkommission in ihrem 1993 veröffentlichten Dokument „Die Interpretation der Bibel in der Kirche" zu diesem Thema ausgeführt hatte. Ich möchte im Folgenden diese neuen Gedanken aufnehmen und durch eigene Überlegungen konkretisieren.

1. Zum Selbstverständnis jüdischer Schriftauslegung

Jüdische Schriftauslegung vollzieht sich in einer fundamentalen Dialektik: Einerseits gilt der biblische Text in all seinen sprachlichen und graphischen Einzelheiten als ein für allemal festgelegt und heilig. Andererseits ist dieser festgelegte Text „zur Auslegung gegeben" (yMegilla 1,1,70a). Diese Dialektik ist bereits mit dem Vorgang der Kanonisierung des biblischen Textes und mit dem Phänomen der Kanonschließung gegeben. Wir sehen heute deutlich, dass der Kanon biblischer Schriften nicht einfach das „späte" und „zusätzliche" Produkt willkürlicher Entscheidungen ist, sondern dass die Bearbeitung und Sammlung biblischer Texte mit ihrer Hochschätzung selbst zusammenhängen. Man kann es etwas überspitzt formulieren: Die Entstehung der einzelnen biblischen Bücher und der Bibel insgesamt verdankt sich der Dialektik von (einmal) vorgegebenem Text und Auslegung. Diese Eigenheit der Bibel wird oft mit der Bezeichnung „Traditionsliteratur" ausgedrückt. Man könnte auch sagen: Die Bibel ist „Auslegungsliteratur"; Texte, denen Bedeutsamkeit zuerkannt wird, werden zu Auslösern neuer Texte, sei es dass die Texte selbst „fortgeschrieben" werden oder dass sie neue Texte inspirieren und generieren. So ist die Bibel fundamental ein durch Auslegung gewordener Text. Und von diesem Entstehungsprinzip her kommt dann der Auslegung der Bibel auch nach dem Akt der Kanonschließung große Bedeutung zu. Im Judentum erhält sie die Würde der mündlichen Offenbarung, zumindest wenn es sich um die Auslegung der Tora handelt.

1.1 „Zur Auslegung gegeben"

Die hohe Würde der Schriftauslegung ergibt sich quasi-notwendig aus dem Akt der Kanonschließung. Die biblischen Texte sind im Judentum (und analog im Christentum) sowohl „heilige" als auch „kanonische" Texte. Als heilige Texte werden sie rituell abgeschrieben, kultisch verehrt und kultisch rezitiert. Als kanonische Texte, deren Wortlaut als sakrosankt und unveränderbar gilt, sind sie der „Kanon" der Lebensdeutung und Lebensordnung der diesen Kanon akzeptierenden Gemeinschaft. Damit der zu einem bestimmten Zeitpunkt der Geschichte „kanonisierte" Wortlaut der Texte die Funktion dieser Texte als Sinn- und Wertekanon weiterhin erfüllen kann, braucht es die Sinnpflege durch die Auslegung. Je größer der zeitliche Abstand vom Augenblick der Kanonisierung an wird, desto notwendiger wird die Auslegung. So entsteht für kanonische Texte unverzichtbar die Dreiecksbeziehung von Text – Ausleger – Hörer/Leser. Die Festlegung des Wortlauts eines Textes ist damit nicht das Ende der Produktivität des Textes, sondern entlässt aus sich neue Texte, die kommentierend die Relevanz des Textes für das Leben der Gemeinschaft und der Einzelnen erschließen.

Die so verstandene und intendierte Auslegung ist freilich umfassender als das, was die historisch-kritische Exegese leisten will (und kann). Eine solcherart „kanonische" Auslegung „bedeutet mehr als das Befragen des Textes nach seiner ursprünglichen, vom Autor gewollten Bedeutung. Diese bleibt nicht unberücksichtigt, ist aber nur ein Aspekt des Umgangs mit dem biblischen Text. Man geht davon aus, daß im Text nichts zufällig ist, jede von der Norm abweichende Schreibweise, jede ungewöhnliche grammatikalische Form, jede verbale Übereinstimmung eines Textes mit einem anderen in der Bibel für eine exegetische Verbindung gewertet werden kann. Der Text ist somit von Gott gegebenes Material, an dem man seinen Erfindungsreichtum [...] erproben kann, um so Antwort auf seine Fragen zu erhalten. [...] Der Text der Bibel ist damit mehr als die sachlichen Mitteilungen, die man ihm entnehmen kann. Er ist Wörterbuch und Zeichenschatz, mit dem man die ganze Wirklichkeit erfassen kann, wenn man die Zeichen nur richtig zu lesen versteht". (Stemberger, Hermeneutik 1996, 79f)

1.2 Unausschöpfliche Bedeutungsfülle

Dass es dann weder einen einzigen noch einen ein für allemal gültigen Textsinn gibt bzw. geben kann, liegt auf der Hand. Der Textsinn muss immer wieder neu erarbeitet werden – im Abhören des Textes *und* im Diskurs mit anderen Auslegern. Es gehört zur Vollkommenheit der Bibel als eines göttlich gegebenen Textes, dass er eine schier unausschöpfliche Bedeutungsfülle hat. Freilich muss diese Bedeutungsfülle aus dem Text selbst, meist im Gespräch mit anderen Texten, herausgeholt und begründet werden – gemäß dem späteren christlichen Axiom: *sacra scriptura sui ipsius interpres* („die Schrift legt sich selbst aus"). Wie dies geschieht, lässt sich gut an der biblischen Begründung just der Bedeutungsvielfalt einer Textstelle erstehen, die im Traktat Schabbat des Babylonischen Talmud gegeben wird: „Es sagte R.Jochanan: Was bedeutet es, wenn geschrieben steht: ‚Der Herr entsendet sein Wort, groß ist der Botinnen Schar' (Ps 68,12)? Jedes einzelne Wort, das aus dem Munde der Macht (Gottes) kam, teilte sich in siebzig Zungen. In der Schule des R.Jischmael wird gelehrt: ‚(Ist nicht mein Wort wie Feuer – Spruch des Herrn) und wie ein Hammer, der Felsen zerschmettert?' (Jer 23,29). Wie (ein Fels durch den) Hammer in so viele Splitter zerteilt wird, so teilte sich auch jedes Wort, das aus dem Mund des Heiligen, gepriesen sei er, hervorging, in siebzig Zungen (bSchabbat 88b)." (zit. nach Stemberger, Hermeneutik 1996, 81)

Als biblische „Basisstelle" für die Vielfalt von Bedeutungen der Bibel wird besonders gern Ps 62,12 zitiert: „Einmal hat Gott gesprochen, zweimal habe ich es gehört." Der große jüdische Rabbiner und Philosoph Emmanuel Lévinas interpretiert diesen Psalmtext so: „Dieses Fragment des 12. Verses aus dem 62. Psalm verkündet, daß dem Wort Gottes unzählige Bedeutungen innewohnen. [...] Lange vor der ‚Historischen Schule' versetzte die rabbinische Dialektik schon Verse, Worte, Buchstaben in Bewegung. Sicher gibt es auch im Judentum eine Theologie und ein Credo, doch sie haben wenig Ähnlichkeit mit Dogmatik. Die Gelehrten des Talmud formulierten sie nicht als System oder als Summe. Die Metaphysik, die man ihren Apologien, Parabeln und juristischen Überlegungen entnehmen kann, ist ganz Diskussion und Dialog. Nur die Formulierung praktischer Rechtsvorschriften der Moral oder des Ritus erhält die Form von Erlassen. Muß man nicht zugeben, daß die Präsenz dieser Bibel im vierdimensionalen Raum, den die Verse eröffnen – die nach dem vom Wort Gottes verlangten Pluralismus interpretiert werden – sich ziemlich weit von jenem ‚Alten Testament' entfernt, wie es die Historiker, sich gegenseitig in die Haare geratend, vielfach zerpflückt haben? Kann das Schiff jener Schriften, bewegt und getragen vom unendlichen Meer rabbinischer Dialektik, denn durch die Stürme solcher Philologen, die noch nicht einmal seinen Tiefgang kennen, in Gefahr geraten?" (Lévinas, Saiten 1991, 177f)

1.3 Kriterien der Wahrheit

Für christliche Bibelleser und Theologen mag diese Offenheit der Auslegung überraschend sein. Nicht nur, weil sie mit dem Klischee vom Judentum als dem „Sklaven des Buchstabens" überhaupt nicht zusammenpasst, sondern weil sich sofort die Frage nach der Wahrheit stellt. Dieses Problem kann hier natürlich nicht angemessen diskutiert werden. Aber fünf Anmerkungen mögen hilfreich sein:

1. Die Bedeutungsvielfalt meint keine Beliebigkeit, sondern jede Auslegung muss begründet werden und vollzieht sich im Diskurs.
2. Die Auslegung steht im jüdischen Lebens- und Traditionszusammenhang und muss sich als Hilfe für jüdische Lebenspraxis erweisen.
3. Die Auslegung steht unter dem „theologischen" Vorbehalt, dass menschliches Erkennen das Gottgeheimnis, das sich im biblischen Text mitteilt, immer nur ausschnitthaft und fragmentarisch erfassen kann.
4. Schriftauslegung, die im Medium des biblischen Textes dem offenbarenden Gott nahekommen will, gilt eben nicht als „profane" Wissenschaft (natürlich gibt es auch im Judentum „säkulare" Bibelwissenschaft, aber von ihr ist hier nicht die Rede), sondern ist selbst Teil des Offenbarungsgeschehens „vom Sinai her" und partizipiert als solches an der offenbarenden „Inspiration" Gottes. Rabbinische Schriftauslegung des „heiligen Textes" ist deshalb selbst „heiliges Tun". Schriftauslegung ist Gottesdienst.
5. Mit der Akzeptanz der Vielfalt der Auslegungen ist zugleich eine Relativierung jeder Einzelauslegung gegeben. Man könnte auch von der Demut der Auslegung reden – angesichts des Wissens, mit aller Kunstfertigkeit und Kreativität dem Geheimnis der Schrift, in Sonderheit der Tora, nie auf den Grund zu kommen. Sehr plastisch kommt diese „Demut" in der vielzitierten Erzählung über Mose und Rabbi Aqiba im Talmudtraktat Menachot zur Sprache:

„Es sagte R. Jehuda im Namen Rabs:
Als Mose in die Höhe stieg, traf er den Heiligen, gepriesen sei er, an, wie er dasaß und den Buchstaben Kronen wand (wie einzelne Buchstaben in Torahandschriften mit ‚Kronen' verziert sind).
Er fragte ihn: Was hält dich (mit solchen Vorsichtsmaßnahmen) auf?
(Gott) antwortete ihm: Es ist ein Mensch, der nach einigen Generationen

auftreten wird; Aqiba ben Josef ist sein Name. Aus jedem einzelnen Häkchen (der Tora) wird er Haufen um Haufen von Halakhot ableiten. Er bat ihn: Herr der Welt, zeige ihn mir! Dieser antwortete: Drehe dich um! Da ging er und setzte sich hinter die achte Reihe (im Lehrhaus des R. Aqiba). Doch er verstand nicht, was sie redeten. Da erlahmte seine Kraft.
Als (Aqiba) zu einer bestimmten Sache kam, fragten ihn seine Schüler: Rabbi, woher weißt du das?
Er antwortete ihnen: Es ist eine Mose am Sinai gegebene Halakha.
Da beruhigte (Mose) sich wieder.
Er kam wieder vor den Heiligen, gepriesen sei er, und sagte vor ihm: Herr der Welt, da hast du einen Menschen wie ihn und gibst die Tora durch mich?!
Er antwortete ihm: Schweig! So ist es mir eben in den Sinn gekommen.
Da bat er ihn: Herr der Welt! Du hast mir seine Tora-Kunde gezeigt; zeige mir auch seinen Lohn!
Er sagte: Drehe dich um!
Er drehte sich um und sah, wie sie sein Fleisch (des Aqiba bei seinem Martyrium) im Schlachthaus wogen.
Da sagte er vor ihm: Herr der Welt! Das ist seine Tora-Kunde, und das ist sein Lohn?!
Er antwortete ihm: Schweig! So ist es mir eben in den Sinn gekommen."
(zit. nach Stemberger, Talmud ²1987, 67)

Dass Mose hier nicht mehr versteht, wie Rabbi Aqiba die durch Mose selbst gegebene Tora auslegt, ist eine ironische Relativierung jeder Auslegung. Und wenn Gott hier so massiv seine ureigene Freiheit bei der Übermittlung der Offenbarung betont, wird abermals die menschliche „Leistung" der Auslegung relativiert. Und dennoch bleibt es dabei: der Text will und muss ausgelegt werden, um als Gottes Wort gehört zu werden.

Dass sich *so* Gott selbst auf vielfältige Weise mitteilt, erläutert wunderschön ein Abschnitt aus der Mekhilta des Rabbi Jischmael zu Ex 20,18.

2. Ein Beispiel jüdischer Schriftauslegung

Die Mekhilta des Rabbi Jischmael ist ein halachischer Kommentar zu Ex 12,1-23,19; 31,12-17; 35,1-3. Ihre Endredaktion dürfte im 3. Jh. n.Chr. erfolgt sein. Sie konzentriert sich auf die gesetzlichen Abschnitte, kommentiert aber auch die erzählenden Passagen. So eben auch die Stelle Ex 20,18.

2.1 Der auszulegende Text

Im überlieferten biblischen Zusammenhang schildert Ex 20,18-21 die Reaktion des Volkes auf das Geschehen der Gottesoffenbarung am Sinai. Dieses setzt in Ex 19 mit den typischen „Theophaniesignalen" ein (Donner, Feuerblitze, schwere Wolken, Beben des Berges, Feuer und Rauch) und kulminiert in dem Ertönen der Gottesstimme selbst, die die Zehn Gebote proklamiert. Darauf wird literarisch unvermittelt (was in der historisch-kritischen Exegese als Indiz für eine Wachstumsgeschichte des Textes ausgewertet wird), die Reaktion des Volkes folgendermaßen erzählt:

„Das ganze Volk sah die Donner/die Stimmen und die Flammen und die Stimme/den Schall des Schofarhorns und den rauchenden Berg. Und da das Volk dies sah, bebten sie zurück und blieben in der Ferne stehen. Sie sagten zu Mose: Rede du mit uns und wir wollen hören. Gott selbst soll nicht mit uns reden, damit wir nicht sterben. Da sagte Mose zum Volk: Fürchtet euch nicht! Gott ist gekommen, um euch zu erproben. Die Furcht vor ihm soll über euch kommen, damit ihr nicht sündigt. Und das Volk blieb in der Ferne stehen, Mose aber nahte sich dem Wolkendunkel, in dem Gott war." (Ex 20,18-21)

2.2 Drei mögliche Auslegungen

Die Mekhilta diskutiert zwei im hebräischen Text von Ex 20,18 schwierige bzw. mehrdeutige Wörter. Zum einen ist überraschend, dass als Objekte des Sehens in Ex 20,18 Dinge genannt werden, die man nicht sieht, sondern hört. Und zum anderen wird als erstes Objekt der Plural des hebräischen Wortes *qol* gebraucht, das sowohl „Stimmen" als auch „Donner" bedeuten kann. Die Einheitsübersetzung geht diesen Problemen aus dem Wege und übersetzt: „Das ganze Volk *erlebte*, wie es *donnerte* und blitzte [...]" Die Mekhilta überliefert drei Deutungen, von denen die erste das Problem „rationalistisch" löst, während die anderen zwei Deutungen theologisch tiefer ansetzen, um aus dem Vers eine Offenbarungstheologie *in nuce* herauszulesen. Der Abschnitt, den wir zitieren, ist deutlich in zwei Teile (Zeile 1-6 und Zeile 7-11) gegliedert; als Gliederungssignal fungiert das zweimal angeführte Zitat des biblischen Textes (Ex 20,18), um dessen Auslegung es geht:

„(1) Und das ganze Volk gewahrte die Donner (= Stimmen) (Ex. 20,18).
(2) Sie sahen, was zu sehen war, und sie hörten, was zu hören war – Worte R. Jischmaels.
(3) R.Akiva sagt: Sie sahen und sie hörten, was zu sehen war.

(4) Sie sahen ein Feuerwort, das aus dem Munde der Macht (= Gottes) hervorkam.
(5) und in die Tafeln eingehauen wurde;
(6) denn es heißt: ‚Die Stimme des Ewigen wirft zuckende Feuerflammen' (Ps. 29,7).
(7) ‚Und das ganze Volk gewahrte die Stimmen' [Ex 20,18] –
(8) eine Stimme (oder: ein Donner) von Stimmen über Stimmen und eine Flamme von Flammen über Flammen.
(9) Und wieviel Stimmen waren es und wieviel Flammen?
(10) (Nicht so ist es zu verstehen,) vielmehr (ist gemeint): Sie ließen sich dem Menschen seiner Kraft gemäß vernehmen;
(11) denn es heißt: ‚Die Stimme des Ewigen erschallt in Kraft' (Ps. 29,4)".
(zit. nach Lenhardt / v.d.Osten-Sacken, Rabbi Akiva 1987, 231; vgl. zu unserer Erläuterung die Kommentierung ebd., 232-238.)

Auffallend und typisch ist, dass beide Auslegungen mit dem Theophaniepsalm Ps 29 argumentieren, gemäß dem bereits genannten Grundsatz: „Die Schrift wird mittels der Schrift ausgelegt."

Der erste Abschnitt (Zeile 1-6) kontrastiert die unterschiedliche Auslegung von R. Jischmael und R. Aqiba, wobei die Positionierung von R. Aqiba *nach* R. Jischmael und seine Argumentation aus der Schrift (Ps 29,7) wohl erkennen lassen, dass seiner Auslegung mehr Sympathie gilt. Während R. Jischmael die Formulierung von Ex 20,18 „sie sahen" als unpräzise Formulierung wertet und gut „rationalistisch" feststellt: „Sie sahen, was zu sehen war, und sie hörten, was zu hören war", nimmt R. Aqiba die Paradoxie der Formulierung auf und sieht eben in dem Vers eine Zusammenfassung des *ganzen* vorher erzählten Geschehens der Theophanie *und* der Dekalogproklamation. Mit Hilfe von Ps 29,7 „Die Stimme JHWHs wirft Feuerflammen" deutet er die Gottesstimme, die die Zehn Gebote verkündet, als Feuerstimme: Es sind Worte, die Israel hört und vor allem *sieht* – als Feuer.

Der zweite Abschnitt (Zeile 7-11) bringt eine weitere, anonym überlieferte Deutung. Sie reflektiert nicht über die Eigenart des Sehens am Sinai, sondern setzt bei den beiden Pluralbildungen am Anfang von Ex 20,18 an: „Und das Volk sah *die Stimmen* und *die Flammen*". Die dann gegebene Auslegung weist zunächst ein Verständnis ab, das die beiden Plurale als Ausdruck der bloßen Quantität der Gottesstimmen und der Gottesflammen deuten könnte. Nach Meinung dieser Auslegung geht es stattdessen um das Geheimnis der einen göttlichen Offenbarung, die sich auf vielfältige Weise jedem Einzelnen aus dem am Sinai versammelten Volk mitteilt – gemäß dem Vermögen und dem Bedarf der Einzelnen. Und auch diese Deutung argumentiert mit Ps 29. Diesmal wird freilich ein anderer Vers zitiert – und für die eigene Auslegung dienstbar gemacht: Während nämlich in Ps 29,4:

„Die Stimme JHWHs erschallt in Kraft", die Mächtigkeit der Gottesstimme meint, bezieht unsere Auslegung „die Kraft" auf die Kraft der Menschen, denen das Geschenk der Offenbarung zuteil wird. Dies ist eine tiefe Erläuterung des bereits mehrfach genannten Prinzips, wonach die Bibel als Gotteswort eine unerschöpfliche Fülle von Bedeutungen hat: damit jedem eben jene Bedeutung zukommt, die er fassen kann und die er braucht.

2.3 Bezüge zum Neuen Testament

Das ist im Übrigen auch die Offenbarungstheologie, die dem in Apg 2 erzählten Kommen des Heiligen Geistes zugrunde liegt. Indem sich hier das Feuer des Heiligen Geistes in einer Vielfalt von Feuerzungen niederlässt und sich so in der Vielzahl der Sprachen mitteilt, ereignet sich eben dieses nur in Bildern aussprechbare Geheimnis, dass Gott selbst sich mitteilt. Vielleicht ist dies das Wichtigste, was wir Christen von der jüdischen Schriftauslegung lernen können und müssen: Für den frommen Juden ist die Schrift, besonders die Tora, Sakrament der Gegenwart bzw. des Gegenwärtigwerdens Gottes. Bei aller Faszination über die Leistungen der modernen Exegese im Christentum, auf die wir aus vielen Gründen nicht verzichten können, haben wir die *theologische* Schriftauslegung bzw. die exegetische Hinführung zur *geistlichen* Schriftauslegung weitgehend vernachlässigt bzw. sogar verlernt. Was sich in den letzten Jahren als „Geistliche Schriftlesung" bezeichnet hat, (vgl. z.B. die zuletzt vom Trierer Exegeten E. Haag betreuten Bände der gleichnamigen Reihe) bleibt meist weit hinter der theologischen Tiefe und Kreativität jüdischer Schriftaneignung zurück.

3. Was wir Christen lernen können

Was also können wir Christen von der jüdischen Schriftauslegung konkret lernen? Ich will aus der Vielzahl der möglichen und notwendigen Antworten einige der mir wichtigen Anstöße und Leitperspektiven aufzählen, ohne sie hier im Detail durchführen zu können.

Endtext ernstnehmen

Die jüdische Schriftauslegung nimmt den Text wie er vorliegt, d.h. den kanonischen Text, konsequent ernst. Er gilt ihr als ein in jeder Hinsicht „vollkommener" Text, dessen „absolut kompetenter Autor" (Goldberg, Formen 1990, 6) Gott selbst ist. Sie betrachtet die Bibel als einen einzigen großen

Textzusammenhang, der miteinander im Gespräch ist und von der Auslegung ins Gespräch gebracht werden will. Die in der historisch-kritischen Perspektive wichtige und unverzichtbare Frage nach der „Entstehung" des Textes, nach „Vorstufen" und Redaktionen wird hier nicht erörtert. Das ist einerseits gewiss eine Beschränkung, weil sie die Dimension der Glaubens*geschichte* ausblendet. Andererseits hat die christliche Exegese der letzten eineinhalb Jahrhunderte sich viel zu wenig um den sog. Endtext gekümmert. Dabei ist gerade der Endtext unser „kanonischer" Text und unsere Heilige Schrift. Dass wir in unserer liturgischen Perikopenordnung Textverschnitte aus dem Ersten Testament haben, die nicht den biblisch gegebenen Text, sondern einen exegetisch erschlossenen Hypothesentext bietet (Beispiel: Ex 34,4b-6.8-9 am Dreifaltigkeitsfest), wäre im Horizont jüdischer Schriftauslegung schlechterdings unmöglich. So können wir lernen, dass wir uns wieder verstärkt um den Endtext mühen müssen; die neuerdings aufblühende kanonische Schriftauslegung ist ein Element dieses Lernprozesses, der sich *auch* dem christlich-jüdischen Gespräch verdankt.

Schwierige Texte erklären, nicht verachten

Für die jüdische Schriftauslegung hat der Text selbst ein absolutes *Prae*. Was fremd und unverständlich erscheint, darf deshalb nicht vorschnell zur Seite geschoben werden, es muss *erklärt* werden. „Alles muss doch einen Sinn haben", der sich im Auslegungsgespräch mit der Tradition und mit dem jüdischen Selbstverständnis erschließt. Auch wenn es beispielsweise den Tempel seit 70 n.Chr. nicht mehr gibt, ist deswegen das Buch Levitikus nicht theologisch belanglos geworden. Es ist Aufgabe der Schriftauslegung, den für die Zeit „nach dem Tempel" in Levitikus enthaltenen weiterhin gültigen Gotteswillen kreativ und diskursiv zu entdecken. Schon der Hinweis auf dieses Buch macht deutlich, dass jüdische Schriftauslegung vom Ansatz her nicht fundamentalistisch sein kann. Gewiss gibt es auch im Judentum Fundamentalisten und fundamentalistische Ausleger, aber sie können nie dominieren. Ob solches Ernstnehmen der ganzen Bibel uns Christen nicht nachdenklich machen sollte, wenn und weil wir so schnell Texte zur Seite schieben mit der Begründung: „Dieser Abschnitt ist mir/uns fremd und bedeutet mir/uns nichts"?

Den mehrfachen Schriftsinn wiederentdecken

Das urjüdische Prinzip von der Vielfalt und Vielstimmigkeit der Textsinne und die beharrliche Leidenschaft, die verborgenen Sinnmöglichkeiten zu erschließen und zu diskutieren, mögen zwar auf den ersten Blick für Christen, die vom „Lehramt", auch vom göttlichen Lehramt der Bibel, eindeutige und zeitlos gültige Wahrheiten erwarten, befremdlich sein. Aber dieser Ansatz ist, christlich gesprochen, inkarnationstheologisch wohl begründbar. Wir brauchen die *vielen* Stimmen, um uns dem Gott-Geheimnis in immer neuen Versuchen *und* Lebenskontexten zu nahen. Die Vielstimmigkeit der Bedeutungen, die, wie wir oben kurz erläutert haben, nicht mit Beliebigkeit verwechselt werden darf, gründet in der Vielstimmigkeit der Bibel selbst. Die Bibel ist keine monotone Mitteilung von Lehrsätzen, sondern eine polyphone Komposition voller faszinierender, mitreißender Melodien – und aufrüttelnder, irritierender Dissonanzen und Paukenschläge. Diese Komposition kann und will immer neu „aufgeführt" und erlebt werden. Es gibt nicht die exklusive und alleinseligmachende Auslegung eines Textes. Zwar gibt es christliche Exegeten, die sich als „Lehramt" und „Inquisition" aufspielen, im Horizont jüdischer Schriftauslegung ist das Kriterium der Wahrheit nicht die rechthaberische Orthodoxie, sondern die lebenspraktische Bedeutung einer Auslegung – *und* ihr Beitrag, zur Begegnung mit dem lebendigen Gott hinzuführen. Diese funktionale Mehrdimensionalität der Schriftauslegung hat sich in der Lehre vom mehrfachen Schriftsinn niedergeschlagen, die auch im Christentum jahrhundertelang Gültigkeit hatte und seit dem Aufkommen der historisch-kritischen Exegese in Vergessenheit oder gar in Misskredit geriet. Wir lernen heute von der jüdischen Schriftauslegung, den sog. *sensus plenior* und den vierfachen Schriftsinn (wörtlicher, allegorischer, tropologischer und anagogischer Sinn) wieder zu entdecken und neu zu schätzen. Die Idee und das Programm eines mehrfachen Schriftsinnes waren im Judentum zur Zeit Jesu voll geläufig und zeigen sich auch in der Art und Weise, wie in den neutestamentlichen Schriften ersttestamentliche Texte zitiert oder eingespielt werden. Von allen Formulierungen der These eines mehrfachen Schriftsinnes, dessen Konzept im Judentum und Christentum des ersten Jahrtausends in mehrfacher gegenseitiger (!) Beeinflussung entwickelt und praktiziert wurde, ist im Judentum „keine so populär geworden wie die des Zohar, dessen Hauptautor Mosche de Leon vor 1290 ein nicht erhaltenes Buch Pardes (‚Paradies') schrieb, das den vier Sinnschichten der Tora gewidmet war. Von dort kommt das Stichwort Pardes in den Zohar und wird in dessen späteren Teilen entfaltet. Das Stichwort Pardes erinnert natürlich an die berühmte Erzählung von den vier Rabbinen, die ‚in den Pardes eintraten', die himmlische Welt zu erfahren versuchten (tChagiga 2,3f), ist aber zugleich als Akronym zu lesen. Seine vier Konsonanten bezeichnen die vier Schriftsinne. Die Auflösung stand nicht von Anfang an fest; folgende hat sich bald durchgesetzt: Peschat (einfacher Wortsinn), Remez (‚Hinweis': philosophische Allegorie), Derasch (rabbinisch-homiletische Auslegung) und Sod (‚Geheimnis', mystische Deutung). [...] Der Zohar selbst (III 99af) erzählt dazu ein Gleichnis. Die Tora gleicht einem schönen Mädchen, das in einer abgeschlossenen Kammer eines Palastes verborgen ist. Sie hat einen Geliebten, der sie stets sucht und den sie für einen Augenblick durch eine Tür ihr Gesicht sehen läßt; beharrt er in seiner Suche, läßt sie ihn stufenweise immer näher kommen. So auch die Tora. Zu dem, der sich ihr auf ihren ersten Wink nähert, spricht sie zuerst von hinter dem Vorhang in Worten, die seinem Verständnis entsprechen. Das ist die Derascha. Später ist sie nur noch hinter einem ganz dünnen Vorhang und spricht in Rätseln und Gleichnissen, Haggada. Erst wenn er mit ihr genügend vertraut ist, zeigt sie ihm ihr Gesicht und spricht mit ihm von allen verborgenen Geheimnissen, die in ihrem Herzen seit ewig verborgen sind. Wenn er einmal alles versteht, die Tora beherrscht und Herr des Hauses geworden ist, erinnert ihn die Tora an die Zeichen, die sie ihm einst gegeben hat und welche Geheimnisse sie enthalten: ‚Dann sieht er, daß man ihren Worten nichts hinzufügen noch von ihnen wegnehmen darf. Und dann ist der einfache Sinn, wie er ist, sodaß man ihm nichts hinzufügen, noch von ihm wegnehmen darf, nicht einen einzigen Buchstaben'. Der einfache Sinn erweist sich als die Grundlage auch des tiefsten mystischen Verständnisses, [...] die Hierarchie der Sinne [bedeutet] nicht, daß der höhere den niederen überwindet und aufhebt." (Stemberger, Hermeneutik 1996, 128f; vgl. auch Krochmalnik, Exodus 2000, 22-29)

Das Merkwort „Pardes" fasst zugleich die jüdische Hochschätzung der Bibel zusammen: Sie ist das Paradies mit vielen Lebensbäumen; dort entspringt der Strom des Lebens (vgl. auch Sir 24).

Die Bibel als Heimat lieben lernen

In der jüdischen Schriftauslegung können wir Christen vor allem der Lebendigkeit und der Gläubigkeit des Judentums als unserer älteren Schwesterreligion begegnen. Dabei werden wir manche Vorurteile und Fehlurteile über das nachbiblische Judentum abbauen müssen. Wir können tiefe Einsichten in zentrale Texte der Bibel gewinnen, die uns bislang *so* nicht zuteil waren. Ich denke etwa an die tiefgründigen Auslegungen der beiden Judentum und Christentum verbindenden Hauptgebote der Gottes- und der Nächstenliebe (vgl. dazu Zenger, Am Fuß des Sinai ³1995, 133-168). Manche Texte werden wir neu sehen und lieben lernen. Ich nenne als Beispiel das Jonabuch (vgl. dazu Zenger, Christen 1996, 46-53). Vor allem aber können wir in der jüdischen Schriftauslegung lernen, was es bedeutet, dass die Bibel ein „Lebensbuch" ist und dass sie zur Heimat mitten in der Fremde werden kann – eben jenes „portative Vaterland", von dem Heinrich Heine mit Blick auf die Tora sprach.

In der Tat, was Rabbi Aqiba über die Bibel sagte, gilt auch uns: ‚„Das ist kein leeres Wort, an euch vorbei' (Dtn 32,47). Und wenn es leer ist, dann liegt es an euch, die ihr nicht auszulegen wißt" (Midrasch Genesis Rabba 1,14).

Zugrunde liegende und weiterführende Literatur

DOHMEN, Christoph / STEMBERGER, Günter, Hermeneutik der Jüdischen Bibel und des Alten Testaments, Stuttgart 1996.

GOLDBERG, Arnold, Formen und Funktionen von Schriftauslegung in der frührabbinischen Literatur, in: LingBibl 64 (1990) 5-21.

KROCHMALNIK, Daniel, Schriftauslegung. Das Buch Exodus im Judentum (= NSK-AT 33/3), Stuttgart 2000.

LENHARDT, Pierre / VON DER OSTEN-SACKEN, Peter, Rabbi Akiva. Texte und Interpretationen zum rabbinischen Judentum und Neuen Testament (= Arbeiten zur neutestamentlichen Theologie und Zeitgeschichte 1), Berlin 1987.

LÉVINAS, Emmanuel, Saiten und Holz. Zur jüdischen Leseweise der Bibel, in: DERS., Außer sich. Meditationen über Religion und Philosophie, München/Wien 1991, 172-193.

STEMBERGER, Günter, Der Talmud. Einführung – Texte – Erläuterungen, München ²1987.

ZENGER, Erich, Am Fuß des Sinai. Gottesbilder des Ersten Testaments, Düsseldorf ³1995.

DERS., Was wir Christen von der jüdischen Schriftauslegung lernen können. Am Beispiel des Jonabuchs, in: BiKi 51 (1996) 46-53.

Stellenregister zum Dokument

Nr. im Dokument	Seite	Nr. im Dokument	Seite
Vorwort	10, 33, 39, 43, 49, 109	36	50, 89
1	9, 95f	37-42	83f
2ff	63	39	83
2	78	40	84
3-8	78	41	50, 84, 89f
3	45, 76	42	61, 84
6	59	48	34
7	55	51	103
9	16	55	50, 86, 103
10	98	59	89f
11	47f, 60, 83, 100	62-64	56
12-15	78	62	56
15	78	63	56, 59, 100, 102
16-18	53, 106	64f	37, 105
16	42	64	10, 37, 41, 55, 59, 78, 92, 99f, 105
17	45		
19-65	52, 80f	65	37f, 40f, 44f, 47, 55, 59, 63, 84, 89, 91, 105
19	21, 52, 78		
21	40, 49, 51f, 54, 58-60, 78f, 84, 96	66-83	9
		67	34
22	38-40, 50, 53f, 56, 83, 99, 103, 109	69	33
		70	33f
23ff	63	76	33
23	81	79	89-91
24	82f	84	10f, 35, 39, 44, 55, 73, 76, 96
31f	61	85	10f, 14, 56, 76, 85, 96, 103
33-36	61, 83	86f	83, 87
35f	83	86	11, 35, 79, 84, 92, 96, 99
		87	9, 35, 37, 62

Abkürzungen

Ergänzend zum Abkürzungsverzeichnis des Lexikon für Theologie und Kirche (Freiburg u.a. ³1993) werden folgende Abkürzungen verwendet:

KuJ: Rendtorff, Rolf / Henrix, Hans Hermann (Hg., Bd. 1) und Kraus, Wolfgang / Henrix, Hans Hermann (Hg., Bd. 2), Die Kirchen und das Judentum. Dokumente von 1945 bis 1985 bzw. von 1986 bis 2000", Paderborn / Gütersloh 2001.

VAS: Sekretariat der Deutschen Bischofskonferenz (Hg.), Verlautbarungen des Apostolischen Stuhls.

Zu den Autoren

Prof. Dr. Christoph Dohmen, geb. 1957, nach Studium der Katholischen Theologie und Altorientalistik von 1990-2000 Professor für AT an der Universität Osnabrück, seit 2000 Professor für Exegese und Hermeneutik des AT an der Katholisch-Theologischen Fakultät der Universität Regensburg. Mitglied im Gesprächskreis Juden und Christen beim Zentralkomitee der Deutschen Katholiken, seit 2001 Mitglied der Päpstlichen Bibelkommission. Zahlreiche Veröffentlichungen zur Biblischen Hermeneutik und zum Jüdisch-christlichen Dialog sowie zum Verhältnis von Theologie und Kunst; u.a. „Das Bilderverbot", Frankfurt ²1986, „Hermeneutik der Jüdischen Bibel und des Alten Testaments", Stuttgart 1996 (mit G. Stemberger), Herausgeber des „Stuttgarter Neuen Kommentars – Altes Testament".

Prof. Dr. theol. habil. Franz Dünzl, geb. 1960, 1985-87 Mitarbeiter in der Seelsorge am Dominikus-Ringeisen-Werk Ursberg, 1987-2000 Assistent am Lehrstuhl für Alte Kirchengeschichte und Patrologie an der Universität Regensburg bei Prof. Dr. Norbert Brox, seit 2001 Professor für Kirchengeschichte des Altertums, christliche Archäologie und Patrologie an der Bayerischen Julius-Maximilians-Universität in Würzburg. Mitherausgeber der Reihe „Fontes Christiani".

Prof. Dr. Ernst Ludwig Ehrlich, geb. 1921, Professor emeritus für Neue jüdische Geschichte und Literatur an der Universität Bern, Lehraufträge an verschiedenen deutschen und schweizerischen Universitäten. 40 Jahre Zentralsekretär der Christlich-Jüdischen-Arbeitsgemeinschaft in der Schweiz, Gründungsmitglied des Gesprächskreises Juden und Christen beim Zentralkomitee der Deutschen Katholiken, Mitglied verschiedener interkonfessioneller Kommissionen, Träger der Buber-Rosenzweig-Medaille (1976) Jüngste Buchpublikation: „Reden über das Judentum", Stuttgart 2001; Aufsätze in zahlreichen einschlägigen Zeitschriften.

Prof. Dr. theol. Hubert Frankemölle, geb. 1939, Professor für Neues Testament im Fach Katholische Theologie an der Universität Paderborn. Mitglied im Gesprächskreis Juden und Christen beim Zentralkomitee der Deutschen Katholiken. Zahlreiche Veröffentlichungen zu fachexegetischen und jüdisch-christlichen Themen, u.a. „Jüdische Wurzeln christlicher Theologie", Bodenheim 1998; „Christen und Juden gemeinsam ins dritte Jahrtausend", Paderborn 2001.

Dr. phil. h.c., Dipl.-Theol. Hans Hermann Henrix, geb. 1941, Direktor der Bischöflichen Akademie des Bistums Aachen, Mitglied verschiedener Studienkreise zum christlich-jüdischen Verhältnis, Mitglied im Gesprächskreis Juden und Christen beim Zentralkomitee der Deutschen Katholiken, seit 1979 Berater der deutschen Bischofskonferenz in Fragen des Judentums und seit 2003 Konsultor der Vatikanischen Kommission für die religiösen Beziehungen mit dem Judentum. Autor und Herausgeber zahlreicher Publikationen, u.a. der doppelbändigen Dokumentation mit Rolf Rendtorff bzw. Wolfgang Kraus „Die Kirchen und das Judentum. Bd. I und II: Dokumente von 1945 bis 1985 bzw. von 1986 bis 2000", Paderborn/Gütersloh 2001.

Prof. Dr. Bernd Janowski, geb. 1943, ist nach Professuren in Hamburg (1986-1991) und Heidelberg (1991-1995) seit 1995 Professor für Altes Testament an der Evangelisch-Theologischen Fakultät der Universität Tübingen. Seit 1996 Ordentliches Mitglied der Heidelberger Akademie der Wissenschaften. Zahlreiche Veröffentlichungen zur Religionsgeschichte Israels und zur Theologie des Alten Testaments, u.a. „Stellvertretung", Stuttgart 1997; „Das biblische Weltbild und seine altorientalischen Kontexte", Tübingen 2001 (mit B. Ego); „Konfliktgespräche mit Gott. Eine Anthropologie der Psalmen", Neukirchen-Vluyn 2003.

Prof. Dr. Benedikt Kranemann, geb. 1959, Professor für Liturgiewissenschaft an der Katholisch-Theologischen Fakultät der Universität Erfurt. Mitherausgeber von „Archiv für Liturgiewissenschaft", „Liturgisches Jahrbuch", „Gottesdienst der Kirche. Handbuch der Liturgiewissenschaft". Publikationen u.a. zu Fragen der Theologie und Gestalt des Wortgottesdienstes, zuletzt zus. mit T. Sternberg (Hg.), „Wie das Wort Gottes feiern? Der Wortgottesdienst als theologische Herausforderung", Freiburg 2002.

Lic. theol. Daniela Kranemann, geb. 1967, Theologin und freiberufliche Fachlektorin für Theologie, Erfurt. Publikationen zu Aspekten der Israeltheologie christlicher Liturgie, u.a. „Israelitica dignitas? Studien zur Israeltheologie Eucharistischer Hochgebete", Altenberge 2001.

Prof. Dr. theol., Dr. theol. h.c., Lic. bibl. Franz Mußner, geb. 1916, Professor für Neues Testament in Trier (1952-65), Professor für Neues Testament in Regensburg (1965-81), Canonicus Theologus in Passau (1978-87). Seit Jahren aktiv im christlich-jüdischen Dialog, Verfasser vieler Bücher, bekannt geworden v.a. durch seinen in sechs Sprachen übersetzten „Traktat über die Juden". Träger der Buber-Rosenzweig-Medaille (1985). Seit 1987 in Ruhestand in Passau.

Dr. Paul Petzel, geb. 1957, Studium der Katholischen Theologie und Kunst in Bonn, Tübingen und Aachen. Tätigkeit als Lehrer an einem Gymnasium, in der Erwachsenenbildung und in erinnerungspolitischen Initiativen. Veröffentlichungen: „Was uns an Gott fehlt, wenn uns die Juden fehlen. Eine erkenntnistheologische Studie", Mainz 1994; „22 und mehrere Versuche, den jüdischen Text zu lesen", Essen 2000; zus. mit N. Reck (Hg.), „Erinnern – Erkundungen einer theologischen Basiskategorie", Darmstadt Herbst 2003.

Prof. Dr. Erich Zenger, geb. 1939, Professor für Exegese des Alten/Ersten Testaments an der Katholisch-Theologischen Fakultät der Universität Münster. Mitglied der „Arbeitsgruppe Fragen des Judentums" bei der Deutschen Bischofskonferenz und im Gesprächskreis „Juden und Christen" beim Zentralkomitee der Deutschen Katholiken. Herausgeber des internationalen christlich-jüdischen Kommentarwerkes „Herders Theologischer Kommentar zum Alten Testament" und des Kompaktkommentars „Stuttgarter Altes Testament".